2022 年广西哲学社会科学规划研究课题"广西民族文化融入大学生铸牢中华民族共同体意识路径研究"（22FKS029）成果

壮族优秀传统文化融入大学生铸牢中华民族共同体意识研究

周国桥　著

新华出版社

图书在版编目（CIP）数据

壮族优秀传统文化融入大学生铸牢中华民族共同体意
识研究 / 周国桥著. –– 北京：新华出版社，2024. 12
ISBN 978-7-5166-7855-8

Ⅰ. K281.8；C955.2

中国国家版本馆CIP数据核字第20257ZL781号

壮族优秀传统文化融入大学生铸牢中华民族共同体意识研究
著者：周国桥
出版发行：新华出版社有限责任公司
　　　　　（北京市石景山区京原路8号　邮编：100040）
印刷：定州启航印刷有限公司

成品尺寸：170mm×240mm　1/16　　　印张：15　　　字数：216千字
版次：2025年3月第1版　　　　　　　印次：2025年3月第1次印刷
书号：ISBN 978-7-5166-7855-8　　　　定价：88.00元

微店

视频小号店

抖店

京东旗舰店

请加我的企业微信

微信公众号

喜马拉雅

小红书

淘宝旗舰店

扫码添加专属客服

前　言

　　广西是一个多民族聚居的地区，在这片富饶的土地上生活着壮、汉、瑶、苗、侗、仫佬、毛南、回、京、彝、水、仡佬等民族，少数民族人口数量居全国首位。在中华民族千百年来的交往交流交融历史中，广西各民族在文化、习俗、语言、节庆等方面形成了丰富多彩的民族文化，巩固和发展了中华民族多元一体格局。广西民族文化是一幅绚丽多彩的画卷，传承着和谐统一的中华文化理念，融合了多民族的智慧与风情，形成了多元文化交融与共存的广西民族文化特色，共同编织着丰富多彩的中华民族文化篇章。

　　铸牢中华民族共同体意识是新时代党的民族工作的主线，不断铸牢中华民族共同体意识、不断推进中华民族共同体建设、不断推进新时代党的民族工作高质量发展是各族人民的共同目标。高校是人才培养的重要阵地，大学生铸牢中华民族共同体意识是落实立德树人根本任务的重要要求，如何有形、有感、有效地帮助大学生铸牢中华民族共同体意识是新时代高校思政教育的现实问题，也是高校理论研究的重要命题。

　　要铸牢中华民族共同体意识，就要增强文化认同。2023 年 10 月，习近平总书记在对宣传思想文化工作的重要指示中强调，要着力赓续中华文脉、推动中华优秀传统文化创造性转化和创新性发展。中华优秀传统文化是各族人民在交往交流交融过程中创造出来的宝贵精神财富，承载着中华民族共同的精神和情感传承。中华民族悠久灿烂的文化是各民族共同创造的，各民族的优秀传统文化都是中华文化的组成部分，中华文化是主干，各民族文化是枝叶，只有根深干壮才能枝繁叶茂。

壮族是我国人口最多的少数民族，在长期的历史发展中，形成了以壮族"三月三"、山歌、铜鼓舞等为代表的风情独特、和谐共生、多姿多彩的民族文化，是中华文化的重要组成部分。发掘壮族优秀传统文化蕴含的中华民族共同体历史脉络、文化传承和育人元素，探索和构建新时代民族优秀传统文化育人路径，对建设各民族共有精神家园，深化各民族对伟大祖国、中华民族、中华文化、中国共产党、中国特色社会主义的高度认同，将壮族优秀传统文化融入大学生铸牢中华民族共同体意识培育，具有重要的育人价值和现实意义。

笔者通过文献资料梳理、问卷调查、实地调研以及深入访谈等多种研究途径，走访了广西百色、南宁、桂林等地，全面挖掘、梳理和掌握了第一手资料，分析了壮族优秀传统文化传承的历史脉络、内涵和特点，考察了民族地区大学生对壮族优秀传统文化的认知现状，总结了壮族优秀传统文化融入大学生铸牢中华民族共同体意识培育的实践经验，提升了研究的科学性和可行性。

本书针对壮族优秀传统文化融入大学生铸牢中华民族共同体意识培育的现实问题，探寻融入大学生铸牢中华民族共同体意识培育的内在机理，挖掘壮族优秀传统文化的育人元素，从理论创新、实践创新、载体创新的视角出发，针对育人元素不够丰富、融入路径单一、教育效果有待提升等问题，提出了科学有效的培育路径，希望能够进一步提升中华优秀传统文化育人实效。

本书运用马克思主义理论对中华优秀传统文化和壮族优秀传统文化的关系进行了深入阐释，对于挖掘壮族优秀传统文化育人功能、传承和发展中华优秀传统文化、构筑中华民族共有精神家园、帮助大学生铸牢中华民族共同体意识、加快建设铸牢中华民族共同体意识示范区具有重要参考价值。

在本书的编纂过程中，笔者得到了许多专家学者和高校同人的鼎力支持与帮助，要特别感谢这些提供宝贵文献资料以及为调研工作提供便利的朋友们，正是因为有了大家的支持和帮助，本书才得以顺利付梓。笔者期望本书能够激发更多人对传承和发展民族优秀传统文化的关注与研究，为相关领域研究学者和大学生思想政治教育工作者提供理论参考和经验借鉴，共同为广西铸牢中华民族共同体意识示范区的建设贡献力量，从而不断推进中华优秀传统文化实现创造性转化和创新性发展，让各民族优秀传统文化成为大学生铸牢中华民族共同体意识的重要源泉和有效育人载体。

目　录

绪　论

一、研究的背景

在新时代党的民族工作中，铸牢中华民族共同体意识具有主线地位，对高校大学生铸牢中华民族共同体意识提出了新的更高要求。党的十八大以来，习近平总书记站在实现中华民族伟大复兴的战略高度，准确把握新时代党的民族工作历史定位，对新时代党的民族工作面临的新形势作出科学判断，创造性地提出了"铸牢中华民族共同体意识"的重要论断。2014 年 9 月在中央民族工作会议上，习近平总书记指出："加强中华民族大团结，长远而根本的是增强文化认同，建设各民族共有精神家园，积极培养中华民族共同体意识。"[①]党的十九大报告明确要求："深化民族团结进步教育，铸牢中华民族共同体意识，加强各民族交往交流交融，促进各民族像石榴籽一样紧紧抱在一起，共同团结奋斗、共同繁荣发展。"[②]党的二十大报告指出："以铸牢中华民族共同体意识为主线，坚定不移走中国特色解决民族问题的正确道路，坚持和完善民族区域自治制度，加强和改进党的民族工作，全面推进民族团结进步事业。"[③]在 2023 年全国宣传思想文化会议上，习近平总书记就明确提出"要着力赓续中华文脉、推动中华优秀传统文化创造性转化和创新性发展"，为新时代建设中华民族现代文明指明了方法路径。[④]

---

① 中共中央统一战线工作部，国家民族事务委员会.中央民族工作会议精神学习辅导读本 [M].北京：民族出版社，2022：9.

② 习近平.决胜全面建成小康社会夺取新时代中国特色社会主义伟大胜利：在中国共产党第十九次全国代表大会上的报告 [M].北京：人民出版社，2017：56.

③ 习近平.高举中国特色社会主义伟大旗帜 为全面建设社会主义现代化国家而团结奋斗 [N].人民日报，2022-10-26（1）.

④ 付文军.论习近平文化思想的原创性贡献 [J].宁夏社会科学，2023（6）：5-11.

系统梳理习近平总书记关于铸牢中华民族共同体意识的一系列重要论述不难发现，从"培养"到"铸牢"的话语转变，体现了党中央对于铸牢中华民族共同体意识的重视程度在不断加强。这就要求高校必须增强对民族共同体意识培育的理论自觉和行动自觉，准确把握高校民族工作特点和规律，紧密结合自身实际进一步把准方向、突出重点、凝练特色、形成品牌，切实以丰富的育人内容，不断创新形式开展中华民族共同体意识培育工作，提升大学生铸牢中华民族共同体意识育人成效，不断推动高校民族工作高质量发展。

二、研究的目的和意义

进入新时代，中华民族迎来了从站起来、富起来到强起来的伟大飞跃，比历史上任何时候都更接近中华民族伟大复兴。习近平总书记站在中华民族伟大复兴的战略高度，在准确把握新时代党的民族工作历史方位的基础之上，高瞻远瞩，审时度势，针对民族工作面临的新形势和新特点，创造性地提出"铸牢中华民族共同体意识"的重要论断。铸牢中华民族共同体意识是新时代党的民族工作的主线，坚持准确把握我国统一的多民族国家的基本国情，把维护国家统一和民族团结作为各民族的最高利益，对高校大学生铸牢中华民族共同体意识提出了新的更高要求。广西是一个以壮族为主体、多民族共同居住的民族聚居区，人杰地灵，历史文化底蕴深厚，形成了丰富多彩的壮族优秀传统文化。壮族优秀传统文化是中华优秀传统文化的重要组成部分，是壮族人民在民族交往交流交融过程中创造出来的宝贵精神财富，承载着丰富的精神和情感。挖掘壮族优秀传统文化中蕴含的思想、精神和道德伦理，开展壮族优秀传统文化融入大学生铸牢中华民族共同体意识的培育研究，有利于拓展大学生民族团结进步教育的视域和空间，同时有利于壮族优秀传统文化的传承创新，对帮助大学生铸牢中华民族共同体意识，以及推动民族团结进步模范区建设，具有重要价值和时代意义。

（一）研究的目的

2021 年 4 月习近平总书记在广西视察并指出："广西是全国民族团结进步示范区，要继续发挥好示范带动作用。"壮族文化内容丰富、形式多样，不仅有以龙胜龙脊梯田和铜鼓为代表的物质文化，以花山崖壁画为代表的非物质文化遗产，以民歌、民间文学、壮医药等为代表的历史记忆文化，还有自成体系的壮族语言文化、农耕稻作文化，以及多神共存的信仰文化等。壮族文化在长期的发展过程中，不断吸纳各民族优秀文化，在交流交往交融中不断发展，形成了"你中有我、我中有你"多元并存的文化特征。

研究选题以壮族优秀传统文化融入大学生铸牢中华民族共同体意识的培育路径作为切入点，通过选取具有代表性并在壮族地区经济社会生活中有广泛影响的壮族优秀传统文化进行个案调查，挖掘其中的民族团结进步育人元素，分析壮族优秀传统文化融入高校人才培养过程的基本情况和主要问题，在将中华优秀传统文化融入中华民族共同体意识培育经验的基础上，探寻将壮族优秀传统文化融入铸牢中华民族共同体意识的内在机理，进一步揭示传承弘扬壮族优秀传统文化与培育中华民族共同体意识之间的辩证关系，并为壮族优秀传统文化融入中华民族共同体意识培育提供新思路和新方法。

壮族优秀传统文化凝结着民族文化的精华，是组成中华文化的重要内容，构筑了各民族共有精神家园的文化认同，具有不可替代的重要价值。党的十九大报告指出："文化是一个国家、一个民族的灵魂。文化兴国运兴，文化强民族强。没有高度的文化自信，就不会有文化的繁荣兴盛，也就没有中华民族伟大复兴。"① 培育大学生的中华民族共同体意识，关键要靠文化认同，增强文化自信，这是因为民族文化与民族同生同源，是一个民族的精魂。文化认同是实现民族团结的根本所在。壮族作为我国人口最多的一个少数民族，历史悠久，可以上溯到旧石器时代。在漫长的历史发展过程之中，因所处的自然环境，壮族创造并积淀了内容丰富且独具特色的物质文化和精神文化。壮族优秀传统文化的精神家园是中华民族共有的精神家园，植根于中华文化土壤，又以其特有的文化个性和地域特性，与其他各民族文化一起共同构成中华文化多元共生的价值体系。习近平总书记在 2021 年 8 月召开的中央民族工作会议上，把中华文化和各民族文化形象地比喻为"根"和"叶"的关系，中华文化是主干，各民族文化是枝叶，根深干壮才能枝繁叶茂，强调各民族优秀传统文化都是中华文化的组成部分。②"根"和"叶"的关系从本质上是理清中华文化与壮族优秀传统文化之间的"源"与"流"，这一论述指明了培育大学生中华民族共同体意识目标，明确了方向。高校必须坚持中华文化多元一体，弘扬传承壮族优秀传统文化，使壮族优秀传统文化与新时代发展需要相互融合，实现中华优秀传统文化的创造性转化和创新性发展。在实现中华民族伟大复兴中国梦的历史征程中，要抓好大学生民族团结进步教育，铸牢中华民族共同体意识。

（二）研究的意义

1. 理论意义

一是有助于丰富大学生铸牢中华民族共同体意识的培育内容。一直以来，研究大多集中于壮族文化理论与实践。本书中研究以大学生为主

---

① 习近平. 决胜全面建成小康社会夺取新时代中国特色社会主义伟大胜利：在中国共产党第十九次全国代表大会上的报告 [M]. 北京：人民出版社，2017：63.

② 习近平在中央民族工作会议上强调 以铸牢中华民族共同体意识为主线 推动新时代党的民族工作高质量发展 [J]. 中国民族，2021（8）：4-7.

体，以壮族优秀传统文化为对象，以铸牢中华民族共同体意识为目标。在对壮族优秀传统文化的风貌、传承及培育功能进行初步分类，并得到基本认识后，通过教育手段和载体，将其转化为符合大学生文化传承逻辑的知识模块，进一步丰富和发展大学生认知。特别是在民族聚居区，要强调铸牢中华民族共同体意识的培育内容，从而更好地发挥优秀传统文化传承在民族团结进步教育中的教化功能。

二是有助于推动壮族优秀传统文化和铸牢中华民族共同体意识的理论研究。本书中研究坚持马克思主义民族理论基础，以思想政治教育理论和习近平新时代中国特色社会主义思想为指导，着眼壮族优秀传统文化融入中华民族共同体意识培育工作，结合教育学、民族学等有关理论，深入分析、挖掘壮族文化的内容与价值，阐述育人功能特点，并探索与中华民族共同体意识培育之间蕴含的有机逻辑，提出方法和路径，推动融入的理论研究创新与发展，从而更进一步推动马克思主义理论的创新发展，以壮族优秀传统文化为载体使马克思主义中国化取得新的成果。

三是有助于拓展大学生铸牢中华民族共同体意识研究的广度和深度。运用多学科交叉研究方法，通过结合新时代保护传承和发展壮族优秀传统文化的实际状况，进一步拓宽铸牢中华民族共同体意识研究领域，探究壮族优秀传统文化的有效融入，探索传承弘扬壮族优秀传统文化的新思路，从而增强铸牢中华民族共同体意识的思想自觉和行动自觉，在潜移默化之中开展宣传教育，为壮族聚居区培育中华民族共同体意识开辟新的路径，促进中华民族共同体意识培育与民族团结进步教育融合。

2. 实践意义

一是有利于传承和发展民族文化，帮助大学生厚植家国情怀。壮族优秀传统文化是壮族人民千百年来的智慧结晶，蕴含着壮族人民的生存智慧、生命哲学和代代相传的精神品质，在潜移默化中影响着壮族人民的思想方式、行为习惯、思想认同。深入挖掘壮族优秀传统文化中的鲜活内涵和个性魅力，从本质上来讲，是为了推动中华文化的创造性转化和创新性发展，使历来就对民族、对家国具有深厚感情的壮族人民，更加坚定地热爱祖国、热爱人民、热爱中国共产党，始终保持家国情怀。

二是有利于增进优秀传统文化认同，提升大学生文化自信。以壮族优秀传统文化为载体，铸牢中华民族共同体意识实质是实现文化认同，构建常态化铸牢中华民族共同体意识宣传教育机制，并使用壮族人民喜闻乐见的宣传教育形式和活动载体，将壮族优秀传统文化渗透到日常的学习、生活和工作之中，让壮族优秀传统文化中蕴含的精神品质无处不在，有助于人们在实现文化认同的过程中坚定文化自信，从而推动中华民族共同体意识入脑入心入行。

三是有利于增强大学生民族团结进步教育实效，铸牢中华民族共同体意识。落实在高校培育时代新人的路径方法上，就是要广泛宣传民族团结进步的重要性和意义，并从壮族优秀传统文化中汲取智慧和力量，深度挖掘其中蕴含的思想观念、人文精神和道德规范，引导人们掌握做人做事的基本规范、担当民族复兴大任、积极践行社会主义核心价值观。

三、研究现状、问题及趋势

（一）国内外研究现状

通过知网检索的文献计量分析，截至 2023 年 9 月，以"少数民族文化、思想政治教育"为主题，检索到学术期刊文章 6 万多篇。以"中华民族共同体意识"为主题，检索到学术期刊文章 6 000 余篇。以"壮族文化"为主题，检索到学术期刊文章 730 篇。以"壮族文化、中华民族共同体意识"为篇名检索到近 5 000 篇。以"壮族文化融入中华民族共同体意识"为主题、关键词、篇名，仅检索到 8 篇相关文章。

1. 壮族优秀传统文化方面的研究

壮族是我国人口最多的少数民族，壮族的发展历史源远流长，在其发展的过程中形成了自身独具特色、丰富多彩的传统文化。国内关于壮族和壮族优秀传统文化的研究成果较为系统且丰富，为本书中研究开展奠定了较为扎实的理论基础。根据研究需要，可梳理与本书中研究密切相关且较为重要的研究成果。

一是有关壮族文化及其价值的研究。在相关历史文献中，很早就有壮族人民历史的记载，壮族是中华民族大家庭中历史悠久的少数民族之一，壮族在发展的历史长河中，形成了自身特色鲜明的文化，具有多样性、独特性，如"稻作文化""诗歌文化""铜鼓文化""戏剧文化"等。壮学专家梁庭望在《壮族文化概论》一书中指出："壮族是一个很讲究道德、礼节、伦理的民族，有着悠久的伦理道德传统。"王光斌认为，壮族在长期的历史发展过程中形成了自身的物质文化和精神文化，精神信仰方面主要以"么文化"为代表，物质文明方面则以"那文化"为代表。[1]潘志民、徐玉特基于壮族文化审视，把壮族文化分为大写的壮族文化（大壮文化）和小写的壮族文化（小壮文化），大壮文化是全部壮族人民共有的文化，如众所周知的刘三姐山歌、铜鼓文化等，而小壮文化是在大壮文化之下，不同地域各自的壮族文化，如具体到某一个区域土话版的歌曲、绘画等。[2]在壮族优秀传统文化的发展历程中，壮族传统节日是壮族优秀传统文化的重要组成部分，它充分反映了各时期的壮族文化，体现了壮族人民的精神风貌、价值取向和生活状态，是壮族传

[1] 王光斌.论壮族文化的内涵特征及其现代合理性[J].文山学院学报,2010(4):16-20.

[2] 潘志民,徐玉特.壮族文化的分类及其进校园的路径[J].广西教育,2019(25):4-5.

统文化历史发展的缩影。黄润柏认为无论是传承和弘扬民族优秀传统文化，还是学习、借鉴外来先进文化，文化创新对于民族文化的传承发展以及文化软实力的提升都具有重要意义。①

冯刚提出少数民族文化是中华文化的重要组成部分，也是中华文化的宝贵精神财富，它们为中华文化的大花园贡献了多样化的文化渊源。挖掘、提炼和阐发这些文化资源对于社会主义文化建设具有重要的意义。这些文化的交流与传承，不仅能够丰富中华文化，还能够促进各民族之间的相互理解、交流与融合，推动民族团结、社会和谐发展。因此，要高度重视和珍视少数民族文化，合理保护和传承好这些宝贵的文化遗产，使其发挥对社会主义文化建设的积极作用。②壮族优秀传统文化历史悠久，是广大壮族人民智慧的结晶，影响着壮族人民的价值取向和成长发展，具有十分重要的意义。曹丽、郭耀宁、周毅敏以广西壮族图腾文化为例，分析了蕴含在壮族图腾中的智慧思想、文化内涵，人与自然和谐观念，指出了壮族图腾文化对推动生态文明建设、人与自然和谐共处的时代价值和意义。③唐侠认为，壮族优秀传统文化中蕴含着丰富的伦理思想，主要表现在社会公德、家庭美德、生态伦理等三个方面，壮族伦理思想对我国社会主义文化建设具有重要价值，对增强大学生中华民族共同体意识有着重要意义。④新时代壮族优秀传统文化蕴含着现代教育价值，壮族优秀传统文化在集体主义教育、坚韧不拔的性格塑造和诚信教育、爱心教育、现代生态环境保护教育中发挥有效作用。

---

① 黄润柏.壮族传统节日文化创新的基本路径研究：壮族传统节日文化创新研究之二[J].广西民族研究，2019（3）：159-166.

② 冯刚，鲁力.习近平关于中华优秀传统文化重要论述的理论蕴涵[J].湖南大学学报（社会科学版），2022，36（1）：1-10.

③ 曹丽，郭耀宁，周毅敏.广西壮族图腾文化研究价值[J].中国民族博览，2020（3）：113-114.

④ 唐侠.壮族传统伦理文化铸牢中华民族共同体意识的路径探析[J].文化创新比较研究，2023，7（16）：176-180.

二是有关壮族优秀传统文化育人功能的研究。各学者普遍认为壮族优秀传统文化是壮族人民宝贵的精神财富，是重要的育人资源，在思想政治教育和社会主义核心价值观培育方面发挥着重要作用。刘建武结合当今时代的需要，提出对中华优秀传统文化的精华进行提炼、转化、融合，使中华优秀传统文化同当代发展需要相衔接，从而激活其内在的生命力，在创造性转化、创新性发展中传承弘扬民族优秀传统文化。[①]李冠福认为，壮族优秀传统文化中的思想政治教育资源内涵丰富，要充分发展和利用好这一资源优势，有助于提升大学生的品德修养、开展爱国主义教育、培育当代大学生的健全人格，促进学生全面发展。[②]周妍、郭世平认为，壮族优秀传统文化蕴含着丰富的德育资源，如热爱祖国、维护统一，崇尚礼仪、遵守规约，团结互助、集体至上，谦和友善、开放包容，热爱自然、保护环境等内容，而且他们分析了壮族优秀传统文化德育资源的当代价值，并提出了壮族优秀传统文化德育资源当代价值实现的有效路径。[③]周妍、郭世平在研究中提出，壮族优秀传统文化是中华文化的重要组成部分，其蕴含热爱祖国、维护统一、崇尚礼仪、开放包容等丰富的育人资源，具有重要的当代价值，将其中的德育资源融入教育教学全过程，可构建"三位一体"德育机制，对于增强文化自信，建设社会主义文化强国具有重要价值。[④]宁峰提出要善于从民族文化中汲取大学生思想政治教育的营养，深入挖掘和利用好民族文化中的积极育人元素，探索创新和拓展利用民族文化的有效形式，推动民族文

[①]　刘建武．马克思主义基本原理与中华优秀传统文化相结合的历史必然性 [J]．思想理论教育导刊，2022（2）：56-63.

[②]　李冠福．论壮族传统文化中的思想政治教育功能 [J]．产业与科技论坛，2012（17）：122-124.

[③]　周妍，郭世平．论壮族优良传统文化德育资源当代价值的表现与实践 [J]．广西社会科学，2017（12）：50-53.

[④]　周妍，郭世平．论壮族优良传统文化德育资源当代价值的表现与实践 [J]．广西社会科学，2017（12）：50-53.

化认同，提供丰富的育人资源。①

　　三是有关壮族优秀传统文化传承和发展的研究。在高速发展的经济文化社会中，壮族文化的传承发展既有挑战，也有机遇，如何更好地传承和发展壮族优秀传统文化，是值得学者关注和重视的课题。徐玉特认为，壮族文化传承发展受到了经济建设思维和社会发展逻辑的影响，形成了文化传承与发展的"碎片化""时空隔阂疏离"等困境，导致壮族文化传承发展的机理和实践不断减弱，文化传承发展的传统性与现代性之间出现了脱节现象，政府构建整合机制能为壮族文化传承创新发展提供一个分析框架。②黄新宇以壮族"三月三"为例，分析了当前壮族优秀传统文化面临的挑战与机遇，强调促进壮族优秀传统文化传承和发展的紧迫性，提出要以政府为主导，有序保护、传承和发展壮族文化；要加强宣传教育，积极培养壮族文化后备人才；要紧跟时代，善于利用现代化经济手段来发展壮族文化等建议。③黄润柏指出壮族优秀传统文化独具特色，形成了以"那文化"为基础丰富多彩的文化体系，列举了壮族的语言文字、歌圩文化、铜鼓文化、壮医文化、壮锦文化等传统文化，分析了壮族文化遭受强烈冲击和发展多元化的现状，强调要加大力度保护壮族优秀传统文化，加强文化基础设施建设，不断促进壮族优秀传统文化的健康发展，满足壮族人民日益增长的精神文化需要。④杨丽萍从主客体双重基因响应的视角阐述了壮族文化传承实践，分析了人类生命基因与文化基因的关联与互动，论述了壮族文化基因传承的微观实

①　宁峰.民族文化遗产传承与大学生培育和践行社会主义核心价值观研究[J].贵州民族研究，2019，40（10）：185-189.

②　徐玉特.政府整合机制：壮族文化传承与创新发展的路径选择[J].广西民族研究，2020（3）：144-149.

③　黄新宇.《又是一年三月三》：壮族文化符号的主旋律呈现[J].广西民族师范学院学报，2022，39（6）：76-80.

④　黄润柏.壮族传统节日的社会功能及其变迁研究：壮族传统节日文化创新研究之一[J].广西民族研究，2018（6）：122-130.

践，强调在微观实践中直接感知壮族文化，建构壮族文化认知和传承体系，确保壮族文化基因的延续。① 黄金东分析了壮族优秀传统文化保护传承面临的主要困境，探索了壮族文化保护传承新机制，即树立文化自觉，提高文化自信；政府要加强主导作用，做好保护和服务工作；强化人才引领作用，积极培养壮族优秀传统文化后备人才。② 赵尔文达、王月月聚焦壮族非物质文化遗产的保护和传承，了解壮族优秀传统文化的分布现状，就壮族文化传承和发展中存在的问题提出了"因时因事因地因人"的研究建议。③ 壮族"三月三"是广西民族优秀文化的代表，祁永超深入分析了广西传统文化节日传承和发展面临的困境及社会变迁、外部冲击等原因，提出了广西民族传统节日文化的传承与发展策略，强调在新形势下，必须结合时代发展和社会需求传承和发展壮族传统节庆文化。④

2. 中华民族共同体意识方面的研究

一是有关共同体概念的研究。"共同体"是个"舶来词"，最早出现在德国学者斐迪南·滕尼斯（Ferdinand Tönnies）的《共同体与社会——纯粹社会学的基本概念》一书中，费孝通曾把 community 译作"社区"。书中对"共同体"的概念进行了详细阐述，滕尼斯认为"共同体"是有机生长的一个整体。早期的西方研究学者一般将共同生活的

---

① 杨丽萍. 主客体双重基因响应与壮族文化传承的微观实践 [J]. 广西民族研究，2018（1）：136-143.

② 黄金东. 广西壮族文化保护传承机制探索 [J]. 百色学院学报，2017，30（5）：40-45.

③ 赵尔文达，王月月. 基于名录统计的壮族非物质文化遗产保护传承研究 [J]. 贺州学院学报，2020，36（1）：23-29.

④ 祁永超. 广西"壮族三月三"民族节日的思想政治教育功能研究 [J]. 广西科技师范学院学报，2021，36（3）：97-104.

群体表述为共同体。① 马克思针对"共同体"对社会关系、社会本质进行了剖析，提出了"自然或者原始的共同体""虚幻的共同体"和"真正的共同体"三个概念。② 在生产力低下时期，人与人之间主要通过血缘关系构建家庭。随着生产力的发展，部落开始出现。当生产力进一步提高时，人与人之间的社会关系随之多元化，开始产生"单个人的利益或单个家庭的利益与所有互相交往的个人的共同利益"。在社会生活中随之产生矛盾，矛盾化解过程中，衍生出了"有了共同利益才采取国家这种与实际的单个利益和全体利益相脱离的独立形式，同时采取虚幻的共同体的形式"观点。③ 马克思对这种不利于人的自我发展和全面发展，限制人自由的现象进行了批判，认为这是对人的束缚，但也认为只要特殊利益同共同利益之间的冲突没有完全消灭，"虚幻的共同体"也有其存在的合理性和必要性。④ 随着时间的不断推移，传统的共同体概念逐渐更新，如今对"共同体"的诠释，体现了人的社会性本质，"共同体"成为人们在共同的生产生活中形成的具有相对稳定性的社会组织，并存在于政治、经济、文化、社会等诸多领域。

二是有关中华民族共同体的研究。20 世纪 80 年代末，费孝通提出"中华民族多元一体格局"，对中华民族进行整体研究，提出既要避免以少数民族为中心，也要避免以汉族为中心，中华民族是一个整体，中华民族是一个经历了从"自在"到"自觉"的民族实体，而不是 55 个

---

① 滕尼斯.共同体与社会:纯粹社会学的基本概念[M].林荣远,译.北京:商务印书馆,1999:72-75.

② 中共中央马克思恩格斯列宁斯大林著作编译局.马克思恩格斯选集:第一卷[M].北京:人民出版社,2012:198-199.

③ 中共中央马克思恩格斯列宁斯大林著作编译局.马克思恩格斯选集:第一卷[M].北京:人民出版社,1972:103-109.

④ 中共中央马克思恩格斯列宁斯大林著作编译局.马克思恩格斯选集:第一卷[M].北京:人民出版社,2012:164.

少数民族和 1 个汉族的简单相加后宽泛的集合。① 各学者从不同的研究角度不断深化中华民族共同体意识研究，中华民族共同体是中国 56 个民族实体的统称，是有组织、有秩序、有凝聚力的一个实体，是中华民族克服重重困难的漫长历史发展进程中的客观存在。随着频繁的经济、文化交流，中华民族携手共进，儿女同舟共济，56 个民族在中华广阔的大地上相互依存，逐步形成"你中有我，我中有你，谁也离不开谁"的和谐共同体。青觉认为是历史发展和生存发展的共性条件推动了国民"共善价值规范与能动维护意愿的复兴凝聚心态"的形成。② 李闫如玉指出，通过探寻民族团结传统中深层次文化心理，寻求其内在价值取向和所蕴含的实践元素，不断强调各民族的文化共识，构成中华民族共同体意识的早期思想渊源。在各民族不断扩大的交往交流中，逐渐诞生"大一统"理论。因此，增强中华优秀传统文化凝聚力和影响力，并深入理解其发生机理与实现逻辑，对于培育和增强"五个认同"有着重要理论意义与实践价值。③

三是有关中华民族共同体意识发展的研究。共同体观念表述随着"华夏一统"思想的出现而产生，"天下大同""仁与礼""和而不同"儒家文化价值观，以及诗歌中提到的"共同体"，也可以作为中华民族共同体意识的理论渊源。中华民族共同体意识的起源可以追溯到"华夏"族群概念的出现。这些文化的堆积深刻影响着民族文化精神的发展和民族人民的心理结构构成，是中华民族共同体意识重要且突出的文化土壤和根基，也是中华民族共同体意识形成与培育的基础性资源和根本性依

① 费孝通.中华民族多元一体格局 [M].北京：中央民族大学出版社，1989：78.

② 青觉.中华民族共同体意识的历史之维 [J].中央社会主义学院学报，2021（4）：143-158.

③ 李闫如玉.铸牢中华民族共同体意识的历史借鉴与实践原则 [J].思想教育研究，2023（8）：119-125.

托。①在理论上，中华优秀传统文化为中华民族共同体意识培育奠定了基础。回溯近代，"五四运动"为中华民族共同体意识的觉醒提供了时代助力，在谋求民族独立中推动了中华民族认同意识的觉醒，1949年中华人民共和国成立为中华民族共同体意识的培育提供了政治空间和基本前提。改革开放以来，随着"五位一体"总体布局、"四个全面"战略布局的稳步推进，为实现民族复兴，将"铸牢中华民族共同体意识"写入《中国共产党章程》，成为新时代民族工作的鲜明主线，进一步推动了民族团结进步事业的发展，推动民族团结进步教育研究和实践探索不断深化。

四是有关中华民族共同体意识培育的研究。"中华民族共同体意识"提出后，为夯实大学生中华民族共同体意识培育的理论和实践基础，学界进入了中华民族共同体意识培育研究新阶段。研究者按地区、学校等划分区域，深入探讨了不同区域、阶段的中华民族共同体意识培育现状、机制、现实问题。民族地区更加重视将铸牢大学生中华民族共同体意识作为新时代高校思政课程重点内容，强化各民族大学生对国家的政治、经济、文化、生态等全方位的认同和信心，针对中华民族共同体意识培育的各方面不断深化研究。李卫英认为民族地区高校是中华民族共同体意识培育的重要政治高地和文化基地。②徐玉特在研究中提出文化是一种物质与精神的统一，各民族传统文化都是多元一体的中华民族文化不可或缺的重要组成部分，具有普适性和个体性。③王延中在研究中从社会生活多个方面较为系统地阐述了铸牢中华民族共同体意识对于推

---

① 张莉.中华民族共同体意识的文化根基与培育机制研究[J].北方民族大学学报，2021（1）：29-36.

② 李卫英.民族高校培育中华民族共同体意识的价值维度及实践路径[J].贵州民族研究，2020，41（5）：176-181.

③ 徐玉特.政府整合机制：壮族文化传承与创新发展的路径选择[J].广西民族研究，2020（3）：144-149.

进党的民族工作思想创新、增强中华民族共同体的理论自觉、建设中国特色社会主义事业、增强中华民族成员的身份意识、增进民族团结和建设伟大复兴的中华民族具有的重要意义。[①]代洪宝提出建设中华民族共同体的理论自觉同建设中国特色社会主义的内在要求一致，达到理论和实践的统一。综上所述，中华民族共同体意识的培育主要围绕增强民族的凝聚力、促进民族团结、实现理论与实践相统一等方面进行研究。[②]

3. 关于壮族优秀传统文化和铸牢中华民族共同体意识结合的研究

通过中国知网检索发现，直接研究的相关文献较少，基本是间接涉及这一领域的研究文献，壮族优秀传统文化融入中华民族共同体意识针对性的研究实践成果不足。少数民族文化与中华民族共同体意识方面的研究有一些成果，主要集中在少数民族特色文化融入育人实践应用方面。

一是关于优秀传统文化与中华民族共同体意识的研究。金刚从儒家文化的视角，分析了中华优秀传统文化对铸牢中华民族共同体意识的重要意义，认为铸牢中华民族共同体意识必须激活儒家文化的生命力，提出了儒家文化推动中华民族共同体意识培育的现实路径。[③]陈玲等认为以中华优秀传统文化"润"校园，促进中华民族共同体意识培育，让中华优秀传统文化真正"活起来""火起来"，引导师生践行中华传统美德，不断铸牢中华民族共同体意识。[④]

二是关于少数民族文化与中华民族共同体意识的研究。李玉雄从提

① 王延中. 铸牢中华民族共同体意识建设中华民族共同体[J]. 民族研究，2018（1）：1-8，123.

② 代洪宝. 中华民族共同体意识的内在逻辑与当代价值[J]. 江苏大学学报（社会科学版），2019，21（4）：43-48，57.

③ 金刚. 以优秀传统文化推动铸牢中华民族共同体意识：基于焕发儒家文化生命力的分析视角[J]. 中南民族大学学报（人文社会科学版），2021，41（9）：11-19.

④ 陈玲，晁晶晶，程梦缘. 铸牢中华民族共同体意识的实践与经验：以新疆巴州为例[J]. 新疆社科论，2023（5）：49-55.

高价值自觉、历史自觉和社会自觉入手，阐述了必须不断推进优秀传统文化的传承创新发展，铸牢中华民族共同体意识，提高包括壮族在内的各少数民族的文化认同。①于佳宾等认为，传承和发展少数民族文化，深化对中华民族共有精神家园的思想认同，深入挖掘其在铸牢中华民族共同体意识中的育人作用，对实现中华民族的伟大复兴将产生深远的影响。他们分析了中华民族共同体视域下少数民族文化传承存在的主要问题，并提出了促进少数民族文化传承的方式和路径。②张静、黄霞认为，要充分利用少数民族地区红色文化资源开展中华民族共同体意识培育工作，分析了少数民族地区红色文化资源的特点，论述了少数民族地区红色文化资源对中华民族共同体意识培育的价值和作用。③

4. 国外对于文化与民族问题的相关研究

国外对我国壮族或壮族文化的研究较少，主要有从人类学的角度对壮族族源、分布以及经济问题等进行的研究。"牢固树立中华民族共同体意识"的首次提出是在 2014 年第二次中央新疆工作座谈会上，国外很少有相关研究。

国外的研究中，民族团结理论涉及民族国家建构、社群主义、多元文化主义和少数人权利等一系列理论。这些理论与共同体意识、文化认同等概念相互交织在一起，积累了一些研究基础。查尔斯·泰勒（Charles Taylor）对市民社会、文化多元主义等问题进行了深入研究，提出国家是一个共同体，团结是社会正常运转及繁荣发展的一个必要条

---

① 李玉雄. 铸牢中华民族共同体意识与少数民族文化自觉：基于壮族文化的思考 [J].
北方民族大学学报，2020（1）：29-35.

② 于佳宾，王宇航，范喜春. 中华民族共同体视域下少数民族文化传承路径探析 [J].
黑龙江民族丛刊，2021（1）：133-137.

③ 张静，黄霞. 利用少数民族地区红色文化资源 铸牢中华民族共同体意识 [J]. 内蒙古统战理论研究，2021（4）：33-38.

件。①文化是共同体形成的思想基础和纽带，文化通过语言、文字、风俗等方式体现，使得人们形成一致的情感认同，而鲜活的文化会鼓励人们去协助推进公众所普遍需要的意识的发展。共同文化能够达到个性与共性的统一，会形成强大的力量让人们紧密联系起来共同维护集体利益。国家运用文化加强对国民的思想领导远比政治领导更为有效，只有文化领域强大，才能凝聚民族力量形成一个坚不可摧的共同体。通过对国外研究的综述，可以得知西方一些学者在民族团结研究上，主要关注的是人类社会道德秩序与伦理情感，研究者间接地探讨了共同体、认同和团结之间的相互关系。

在 20 世纪 20 年代，美国提出了"多元文化"的概念。美国是一个多民族国家，多元文化最开始就指代不同民族的文化，受其他思想的影响，多元文化的研究疆域不断扩大，也逐渐影响了其他西方国家。②美国在教学中广泛开展多元文化教育，要求学生消除对不同民族和群体的误解，平等地看待群体间的差异。③根据联合国教科文组织研究的观点，多元文化教育既面向少数民族成员，也面向主体民族学生，教育应该同时满足特定文化社区的特殊需求和全球化国家一体化的需要。为了凸显少数民族群体的社会作用，需要将民族文化纳入教育体系，以传承和弘扬少数民族文化，帮助少数民族学生继承本民族文化并增强与其他民族的交流和互动能力。加拿大的多元文化主义政策则给予了少数民族传统文化非常大的包容和尊重。

在民族共同体的概念上，中西方的研究还存在一些差异，虽然在字

① 尹金萍.查尔斯·泰勒社群主义构成性自我观的意义阐释与实践运用[J].国外社会科学前沿，2022（6）：42-51.
② 牛霞飞.多元文化主义与美国政治极化[J].世界经济与政治论坛，2021（1）：29-55.
③ 李洪修，丁玉萍.美国多元文化课程的现状与发展趋势分析[J].民族教育研究，2017，28（4）：104-109.

面上西方没有直接称之为"民族共同体",但是西方学者在某些理论和社会实践方面进行了研究,这些内容与民族共同体的核心理念有很大的相似性。例如,族际整合理论和社会融合理论等。民族共同体的实质目标是建立和谐的民族关系,而西方学者在族际整合理论、社会融合理论等方面进行了研究。

综合国外学者研究,铸牢中华民族共同体意识的本质就是加强思想政治教育,国外并没有思想政治教育的概念,他们是通过公民教育、道德教育等来体现。西方国家通过有效的公民教育来确保国家可以利用公民认同的民主价值观来整合不同的族群,采取课程教育、基础学科建设等方式将公民教育渗透到学校教育教学中,以此来对公民进行意识形态教育。西方德育作为西方文化教育的一部分,把现代社会的文化精神和社会、个人问题紧密结合,以此来影响公民的思想和行为。西方多元文化主义强调少数民族文化要充分体现在学校校园环境和教学中,使学生能够在文化交流和实践中相互理解,实现道德教育价值。同时,西方多元文化主义提出少数民族公民教育应对各族群生活方式的差异给予充分的尊重和肯定,学校要对民族学生因材施教以实现真正的民主和平等。在此基础上,美国有学者提出要在学校设置一些课程帮助学生探索和理解不同文化、宗教及其他资源。

综上,西方学者对于公民教育和共同体意识理论等已经有了较为深入的研究,并将相应观点融入了学校教育教学,为本书中研究提供了重要的理论依据。我国要坚持和发展中华优秀传统文化中的价值理念,促成"多元一体"的民族工作思想,辩证地处理"多元"和"一体"的关系,在以铸牢中华民族共同体意识为主线的新时代民族工作实践中,深刻把握党和国家事业发展对民族工作提出的新任务新要求,提出行之有效的理论依据和实践路径,从而把壮族同胞紧密团结在党中央周围,共同实现中华民族伟大复兴的中国梦。①

（二）研究存在的问题

对国内外文献的进行分析可以发现，目前学术界主要关注少数民族优秀传统文化的传承与发展。然而，针对民族聚居地区具体民族优秀传统文化融入其他领域的路径研究相对较少。此外，虽然有很多关于壮族优秀传统文化的研究文献，但很少探讨其如何融入中华民族共同体意识相关培育实践。通过总结和归纳，笔者发现当前相关研究存在以下问题。

第一，壮族优秀传统文化融入铸牢中华民族共同体意识的论证与建构较少。民族优秀传统文化是一个整体，而作为重要组成部分的壮族优秀传统文化，其本身非常具有研究意义。中华民族共同体作为实现民族团结的基础，迫切需要各个民族优秀传统文化的融入。两者相融合，有利于维护民族团结，促进社会发展。目前学术界大多数研究或者只关注壮族优秀传统文化，或者只关注中华民族共同体意识，而将壮族优秀传统文化融入铸牢中华民族共同体意识的综合研究很少，缺乏综合系统的论述。

第二，对壮族优秀传统文化融入铸牢中华民族共同体意识学理分析较少。在壮族优秀传统文化研究领域，学术界已经进行了一些研究，如对壮族优秀传统文化的挖掘、传承和发展进行了研究，对壮族优秀传统文化在思想政治教育中的功能进行了研究。而在中华民族共同体意识方面，学术界主要关注如何铸牢中华民族共同体意识、中华民族共同体的形成和培育等问题。然而，对壮族优秀传统文化融入铸牢中华民族共同体意识实践的相关问题、概念和内涵等所进行的探究却相对较少。例

---

① 高承海，谭欣．从西方多元文化主义的困境看我国"多元一体"思想的优势[J]．民族教育研究，2022，33（1）：110-116．

如，关于壮族优秀传统文化、中华民族共同体意识的界定不够清晰，对壮族优秀传统文化融入铸牢中华民族共同体意识实践相关概念的认识仍较为模糊；对融入路径缺少辩证分析；对融入内涵没有清晰界定；对融入方式方法进行的研究缺乏强有力的理论支撑。

第三，对于壮族优秀传统文化融入中华民族共同体意识的育人元素挖掘不够。壮族是我国人口最多的少数民族，也是民族传统文化最丰富的民族之一，前人的研究主要是从民族文化传承的角度取得了一些成果，如壮族山歌文化、农耕文化、"三月三"节庆文化等方面。但在相关研究中，对体现中华民族精神的共享中华文化元素的提炼升华不足。同时，在深化对伟大祖国、中华民族、中华文化、中国共产党和中国特色社会主义认同方面的研究薄弱，尚未形成文化符号共享、共通的强大的凝聚力。

第四，壮族优秀传统文化融入铸牢中华民族共同体意识研究与新时代背景结合不足。当前，我国正处在实现中华民族伟大复兴的关键阶段，因而中华民族共同体意识的培育面临着新的挑战和需求。相关研究应跟随时代的发展变化，在大学生铸牢中华民族共同体意识研究中探索民族优秀传统文化的育人价值，而且必须在新时代大背景下进行探讨。这些研究应该关注各民族之间不断交流和融合所产生的文化资源，对构建中华民族共同体和铸牢中华民族共同体意识的意义及路径。然而，目前的相关研究还未充分与新时代的特点结合起来，对于党的民族工作在瞬息万变的新时代所提出的要求阐释还不够深入。

因此，在新时代背景下，探讨壮族优秀传统文化融入大学生铸牢中华民族共同体意识研究显得十分必要且有意义。

（三）研究的发展趋势

过去四十年中，我国的民族团结进步教育研究经历了萌芽、活跃和蓬勃发展三个主要阶段，在探索中积累了丰富的研究和实践成果。尤其是最近十年，研究态势持续增长，相关文献数量急剧增加，并形成了丰富的理论成果。这一专题主要有以下几种研究趋势。

第一，研究视角呈现多学科化趋势。整体上看，从政治学、教育学、民族学等学科领域入手，研究铸牢中华民族共同体意识将占据大部分，同时从马克思主义哲学、法学、教育学、心理学、社会学、艺术学等单一学科或交叉学科视角进行的研究也逐渐丰富起来。从表现形式看，许多期刊设置了中华民族共同体意识研究专栏，部分院校或科研机构成立了多学科人才协同合作的中华民族共同体意识研习基地，而且从期刊来源上也能看出除了民族类期刊外，其他社会科学类期刊也有分布。尽管研究呈现出多学科化趋势，但交叉学科研究程度较浅的问题仍旧比较突出。①

第二，研究内容从理论为主转向理论与应用相结合为主。十九大召开前后一段时期，主要以中华民族共同体意识的历史形成脉络、理论内涵、学理联系为主。在理论概念逐渐达成共识的学界背景下，特别是在2021年中央民族工作会议提出以铸牢中华民族共同体意识为工作主线背景下，学术界的研究开始更加倾向实践应用的探索。研究内容主要集中在民族元素融入中华民族共同体意识培育、民族文化价值实现路径、中华民族共同体意识培育工作机制等方面。随着研究的深入，实践中加强中华民族共同体意识培育的工作将不断丰富和完善。

第三，更加关注铸牢中华民族共同体意识的培育路径。自从2021年中央民族工作会议上，习近平总书记指出必须从中华民族伟大复兴战略高度把握新时代党的民族工作的历史方位后，学界对中华民族共同体意识价值作用的研究就开始从空间、文化、经济、社会、心理等多方面嵌入，进一步丰富了铸牢中华民族共同体意识的价值应用范围。大学生

---

① 娜迪拉·阿不拉江，王珏．改革开放40年来我国民族团结教育研究回顾与反思[J]．现代教育论丛，2020（1）：10-19．

铸牢中华民族共同体意识将更加有利于社会稳定，民众能在享受更为丰富的多元文化的过程中增进对国家和中华民族的认同。从国际看，铸牢中华民族共同体意识有利于我国面对动荡的国际环境带来的挑战，让我国社会的主流意识形态在风云变幻中屹立不倒。

但从新时代要求来看，大学生中华民族共同体意识的培育面临"文化"相对薄弱、"转化"路径单一、"教化"效果有待提升等薄弱环节，所提出的实现路径过于宏观，研究与新时代背景结合不足。从立德树人的角度看，新时代大学生中华民族共同体意识培育还不能很好地融合壮族优秀传统文化元素，需要深入挖掘壮族文化中的民族团结进步教育元素，围绕"三全育人"开展新的理论研究和实践路径探索工作。

四、研究思路、方法、技术路线与创新

本书以"壮族优秀传统文化融入大学生铸牢中华民族共同体意识"为题，从大学生铸牢中华民族共同体意识的新时代要求出发，以马克思主义民族理论和习近平新时代中国特色社会主义思想为指导，综合了马克思主义理论、民族学、教育学、艺术学等多学科理论，运用文献研究法、调查研究法、数据分析和跨学科综合分析法等方法开展研究。但在此过程中，以壮族优秀传统文化为研究对象，针对广西壮族优秀传统文化核心育人元素的研究和挖掘不够，进而使民族文化传承和发展不深入，大学生中华民族共同体意识培育中存在壮族优秀传统文化运用不足、培育路径不清晰、理论性和针对性不强等问题。理论研究与实践应用相结合将提升研究成果科学性和推广应用价值。

本书先阐述了壮族优秀传统文化和中华民族共同体意识等核心概念，理清了壮族优秀传统文化融入大学生铸牢中华民族共同体意识研究的理论基础，从马克思主义民族理论、习近平关于民族工作和文化教育

的论述等方面阐述了研究的理论依据。

通过文献分析，在总结梳理壮族优秀传统文化育人、中华民族共同体意识培育等研究成果基础上，系统阐述中华民族共同体意识的形成与发展和新时代需求，同时从促进大学生铸牢中华民族共同体意识、传承创新和发展壮族优秀传统文化、维护民族地区社会稳定和促进民族团结等三个角度分析壮族优秀传统文化融入的价值特征，梳理壮族优秀传统文化与中华优秀传统文化、共同体意识培育的逻辑关系，厘清大学生铸牢中华民族共同体意识的内涵和功能。

在问卷调查和实地调研的基础上，可深入进行壮族优秀传统文化元素的挖掘与大学生中华民族共同体意识培育案例研究。通过典型案例，可收集并挖掘第一手资料，分析民族文化风貌及传承，研究壮族优秀传统文化与铸牢中华民族共同体意识的逻辑内涵。运用马克思主义民族文化观点和方法，从解决文化传承、思想认同和教育路径三方面研究文化资源整合与利用中所存在的主要问题及原因，挖掘中华民族共同体意识培育内容，凝练出值得传承、应用、推广的壮族优秀传统文化教育资源库。

本书以壮族优秀传统文化融入大学生铸牢中华民族共同体意识体系构建和探索机制路径为重点，并在对壮族优秀传统文化的风貌、传承及功能进行分类梳理后，基于内容、目标、对象研究提出了个体与自发价值、心理的内化与社会实践、学校教育与环境塑造、文化自觉与文化自信四个方面的培育目标，阐释了壮族优秀传统文化融入大学生铸牢中华民族共同体意识的培育体系构建，梳理挖掘壮族优秀传统文化中蕴含的"五个认同"育人元素，并探索了融入的方法与载体。研究从传承与发展、学校教育与社会教育、正面教育与文化自觉等五个方面，提出将壮族优秀传统文化融入大学生铸牢中华民族共同体意识的基本原则。在分析阐述四个维度融入机制和策略基础上，本书从认知建构、情感培育、教育培养、实践引领四个方面探寻融入的优化路径，为构建壮族优秀传统文化育人体系，促成民族地区大学生铸牢中华民族共同体意识的常态化机制，解决"融入效果"提供了有价值的理论探索和实践借鉴。

（一）研究思路

一是厘清壮族优秀传统文化与铸牢中华民族共同体意识的内在关联，重点阐述清楚"加强壮族优秀传统文化融入中华民族共同体意识"的重要意义所在。结合思想政治教育及中华民族共同体意识有关理论，深入挖掘壮族优秀传统文化与中华民族共同体意识培育的元素呈现，梳理物质文化、精神文化与制度文化三者逻辑关联，探究壮族优秀传统文化与中华优秀传统文化的特征，阐释目标、内容及其在大学生铸牢中华民族共同体意识中的地位与作用，从内容上、功能上阐明壮族优秀传统文化、中华优秀传统文化、铸牢中华民族共同体意识三者的内在关联。

二是构建壮族优秀传统文化融入铸牢中华民族共同体意识的理论框架，重点解决壮族优秀传统文化与大学生中华民族共同体意识培育能够融合哪些内容，以及怎么融合的问题。对二者的结构和内容进行科学梳理，结合壮族聚居区和新时代青少年的特点以及高等教育的规律特点，分析壮族优秀传统文化的内涵、本质、内容、目标、意义，研究壮族优秀传统文化发展规律和演变历程，揭示壮族优秀传统文化融入中华民族共同体意识培育的本质内涵、影响因素、目标、内容、方法等，探索融入的创新发展路径，制定目标、提出要求、把握原则、形成机制、实现功能路径等，构建系统、科学、有效的壮族优秀传统文化融入大学生铸牢中华民族共同体意识的功能新模式。

三是实现壮族优秀传统文化融入大学生铸牢中华民族共同体意识的路径策略，解决"壮族优秀传统文化融入铸牢中华民族共同体意识实效性"的问题。在边境少数民族地区，研究者需要发掘中华优秀传统文化和壮族优秀传统文化之间的内在联系，以实现铸牢中华民族共同体意识的目标。为此，研究者应该注重解决调研中发现的问题，提升中华民族共同体意识培育的实效性。在探索壮族优秀传统文化如何融入中华民族共同体意识培育的实践过程中，研究者可以提出相应的对策和建议，并探讨相应的机制和创新路径。

（二）主要研究方法

1.文献研究法

这种方法主要是通过实地调研、访谈以及问卷调查得到第一手资料，同时大量收集整理与本书中研究相关的论文、专著等文献资料，以及国内外与研究主题有关的著作、相关的政策文件及工作部署要求等，国内外学者前期的研究也将为选题提供理论支持和分析基础。通过对文献进行分类梳理，找出与选题研究的契合点和差异点，并吸收其中的成果和观点，为开展研究积累理论基础。本选题是通过对大量文献的归纳提出问题，并对其进行论证。

2.调查研究法

根据本书中研究的思路和需要，通过问卷调查、实地调研、访谈、座谈等形式，深入壮族聚居区，参与有代表性的壮族优秀传统文化活动，掌握一手数据，然后将其融入大学生铸牢中华民族共同体意识实践。问卷调查对象针对广西地区部分高校、职业院校，地理位置涵盖全区各个地方，采用网络问卷和纸质问卷相结合的方式，调查的对象是在校师生及高校管理人员。根据研究需要，到有代表性的壮族文化传承基地进行实地调研，深入广西武鸣、田阳县敢壮山以及崇左花山等壮族文化富集区，进行深入调查，为后续研究打好实证基础。制定壮族优秀传统文化融入大学生铸牢中华民族共同体意识实践访谈提纲，拟访谈宣传部、民族宗教委员会、文化旅游部门、高校等单位部门，其中包括部门领导、教师、非物质文化遗产传承人，同时可组织座谈会，主要围绕"壮族优秀传统文化""中华民族共同体意识培育"等与本书中研究课题相关的主题。

3.数据分析法

采用信息化手段，得到大量数据，然后进行整理分析，找出规律和特点，进一步了解壮族优秀传统文化融入中华民族共同体意识培育过程的现状、原因，进而为课题研究提供思路，有助于探究解决问题的方法和对策。

4.跨学科综合分析法

本书中研究将基于马克思主义理论，综合运用民族学、传播学、教育学等学科理论，多学科交叉，同时结合现有理论研究基础，对壮族优秀传统文化融入铸牢中华民族共同体意识的培育展开研究，运营 SPSS 分析采集与处理数据，主要采用定性和定量分析法，从平均值、百分比、变量交叉、频数等，开展方差分析、回归分析，掌握科学的第一手数据。研究坚持以思想政治教育理论和习近平新时代中国特色社会主义思想为指导，着眼当前高校民族团结进步教育，运用马克思主义唯物历史观，从壮族优秀传统文化融入中华民族共同体意识培育的实践性角度出发进行研究，弄清楚两者的互动关系，探究壮族优秀传统文化融入铸牢中华民族共同体意识培育活动现状、特点和问题，提出融入方法和路径。

（三）研究的技术路线

研究遵循"文献梳理—理论构建—田野调查—实证分析—提出路径"的技术路线，基于马克思主义民族理论、马克思主义文化理论，习近平关于民族工作的重要论述、习近平关于弘扬中华优秀传统文化的重要论述，将广西壮族自治区壮族优秀传统文化融入高校中华民族共同体意识培育实践，然后从内容、目标、对象三个角度进行梳理、挖掘育人元素，分析高校当前民族团结进步教育形成的经验做法、存在的问题困境，并提出对策建议，探讨壮族优秀传统文化融入大学生铸牢中华民族共同体意识的培育目标、内容、机制，并提出融入的具体路径与方法。

（四）研究的创新点

1.拓展了中华民族共同体意识培育研究的新视角

本书中研究立足新时代背景下高校民族团结进步教育，综合运用马克思主义理论、民族学、艺术学等多学科理论，将视角聚焦在我国人口最多的少数民族——壮族的优秀传统文化融入大学生铸牢中华民族共同体意识实践方面，将其作为一个交叉性的研究选题，拓展了研究的新领域。本书中研究坚持用习近平新时代中国特色社会主义思想引领大学生中华民族共同体意识培育活动，挖掘壮族优秀传统文化中丰富的育人元素，并通过剖析融入现状，分析融入机制，探究如何优化融入路径。理论研究与实践应用相结合有助于提升研究成果的科学性和应用推广价值。

2.构建了壮族优秀传统文化融入大学生铸牢中华民族共同体意识实践的新体系

本研究按照"文献梳理—调研分析—提出路径—实践应用"的研究思路，从问题探究导向，开展实地调研、访谈，掌握第一手原始资料，进一步厘清了壮族优秀传统文化与中华优秀传统文化之间多元一体的内在联系。在系统阐述了新时代大学生铸牢中华民族共同体意识内涵的基础上，对壮族优秀文化中富含的中华民族共同体意识培育元素进行了较深入的挖掘和分析，以"五个认同"梳理"融入"内容，研究"融入"现状，提出"融入"路径，探讨新策略、新方法、新举措。本书中研究基于大学生民族团结进步教育实践应用的角度，围绕"立德树人"根本任务，探索构建广西民族文化育人新体系，提出了将壮族优秀传统文化融入大学生铸牢中华民族共同体意识实践的多种路径与方法，为壮族优秀传统文化有效融入中华民族共同体意识培育实践提供了新的对策与建议。

3.探索了壮族优秀传统文化融入大学生铸牢中华民族共同体意识实践的新路径与新方法

在理论研究、调查研究的基础上，遵循认知规律和教育规律，综合考虑"融入"的各种影响因素，从认知建构、情感培育、教育培养、实践引领四个方面探寻融入的新路径，对壮族优秀传统文化融入大学生铸牢中华民族共同体意识实践具有一定参考应用价值。在探索融入路径的同时，本书中研究还针对壮族优秀传统文化融入大学生铸牢中华民族共同体意识培育的目标、任务、内容及特征，结合各民族大学生思想政治工作的特点和实际，主张科学把握壮族优秀传统文化融入高校大学生铸牢中华民族共同体意识的规律性，灵活采取嵌入式、转化式、渗透式的融入方式，使大学生对优秀传统文化的认同感，探索性地提出将壮族优秀传统文化融入大学生铸牢中华民族共同体意识实践的新方法，主要包括以系统构建将融入贯穿人才培养全过程，以正面教育升华中华文化情感认同感，以文化浸润汲取培育中华民族共同体意识，以实践教育养成引领民族文化融合发展，以理论嵌入提升优秀传统文化认知，以教育渗透增强文化自信。本书中研究探索出的这些融入路径与方法具有一定的特色和创新性。

第一章
壮族优秀传统文化融入大学生铸牢中华民族共同体意识的理论基础

在推进实现中华民族伟大复兴中国梦的新时代大背景下，探究壮族优秀传统文化融入大学生铸牢中华民族共同体意识意义重大。研究壮族优秀传统文化融入大学生铸牢中华民族共同体意识，先要认识和了解壮族优秀传统文化相关内容和现状，接着要阐释铸牢中华民族共同体意识相关概念，对相关概念和理论基础进行界定和梳理，并提出研究的理论依据来夯实后续研究。

一、壮族优秀传统文化相关理论阐释

有着 5 000 年历史的中华民族创造了繁荣昌盛、灿烂辉煌的优秀传统文化，其中蕴含丰富的内容，呈现为宏大的体系，同时基本精神和思想融贯百家、一脉相延，多元一体。壮族优秀传统文化是基于所处的地区自然环境，以及长期的历史发展进程逐渐形成的，并在发展中呈现出了地域性、灵活性、多元性、交融性等特点，大大丰富了中华优秀传统文化。壮族不仅在构建和发展中国统一的多民族国家方面作出了重要贡献，还凭借其所处的独特自然环境和特殊历史背景，创造了具有鲜明特色和区域特征的物质文化和精神文化。这些成就不仅丰富了中华文明，还为推动不同民族之间的交往、交流和融合作出了积极贡献。

（一）壮族优秀传统文化的脉络与渊源

壮族是我国少数民族中人口最多的民族，是世代居住在广西的土著民族，壮族先民以其智慧、力量在历史长河中创造了丰富的物质精神文化，为推动历史进步发展作出了很大贡献。总之，壮族文化源远流长，内容丰富而又多样。在漫长的历史传承中，它增强了壮族人民的自尊心、自豪感和爱国主义精神，塑造了壮族共同的民族心理、行为方式和价值体系，促进了壮族与各民族的团结友好、交流融合，为中华民族的历史文化增添了独特的亮色。

壮族主要聚居在岭南地区，可以追溯到旧石器时代后期。早在远古时代，岭南地区就有人类居住，考古发现了许多古人类活动遗址。在先秦时期，壮族源于百越民族中的骆越和西瓯等族群。这些古代人类的活动地区也是壮族先民的聚集地，随着人类的繁衍生息，逐渐发展成了现今壮族聚居的地区。壮族的族称并非古代就存在，而是随着社会历史的演变和发展而形成的。早在秦朝以前，在长江中下游流域就生活着一群自称为"百越"的氏族部落。之后隶属于"百越"氏族的一部分先民迁徙到岭南（今广西广东地区）一带定居，为自己取名为"西瓯"和"骆越"。定居于岭南的"西瓯"和"骆越"就是今天所说的壮族先民，此时的这些南方地区还处于原始氏族部落形态，较中原地区发展落后。

秦统一六国以后，为了统一南方各部族，派遣军队向岭南进发，经过多年与西瓯等族群的战争最终统一岭南，并设置桂林、南海、象三郡，派官吏进行治理和管辖。[①]中原族群大量南迁到岭南地区，带来了中原文化和较为先进的生产生活方式，促进这一地区进入封建郡县制度时代。秦朝出兵岭南统一"西瓯"之后，推动了当地经济发展，也推动了越人与中原地区各族群的交流，此时人们将"西瓯"和"骆越"人称为"瓯骆"。东汉末年，岭南地区分别由吴国的荆、交二州管辖。两晋南北朝时期，更加注重对岭南的管理，在现在广西东北的局部地区设吏，派出了更多官员参与治理，岭南地区基于郡县设置的封建王朝管理体系逐渐完善。三国时期，由于战乱频繁，治理力度减弱，这里被称为"蛮里"，后来又改称为俚，俚人最早见于《后汉书》，后来的史料中也有许多岭南俚人社会生产生活的记载。

魏晋南北朝时期，中原地区政权更替频繁，为了躲避战乱，人们向岭南地区迁徙，这客观上促进了中原地区与岭南少数民族的深度交流和

---

① 莫凤欣.广西政区沿革述略[J].广西地方志，2017（3）：53-59.

文化融合，今天的岭南各少数民族由此逐渐形成。这一演变过程体现了历史上的文化融合和民族共同发展。宋朝为了巩固统治，进一步加强了对岭南地区的管理，南宋李曾伯在向宋理宗进奏的奏议中提到了"宜山有僮丁"，宜山即现在的广西壮族自治区河池市的宜州区一带，这一表述反映了当时的广西民众被称为"僮"，这一称谓一直沿用到中华人民共和国成立后，1965 年 10 月 12 日，根据周恩来总理的提议，并征得了壮族人民的同意，国务院正式批准，把僮族的"僮"改为强壮的"壮"字，以寓意壮族的强壮发展，自此"壮族"名称正式出现。历史上对岭南地区民族的称谓演变的过程充分体现了中华民族在交往交流中逐渐融合统一的多民族发展路径。

现代民族学、历史学界研究认为，壮族是由古代我国岭南地区的族群发展而来，壮族名称的演变也能从侧面反映出壮族是我国民族大家庭中悠久历史的一员，有着与中华文化一脉相承的灿烂民族文化。壮族与百越中的西瓯、骆越是一脉相承的，从汉至唐初，壮族地区不断主动或被动地接受中原各民族语言文化，骆越与西瓯是构成今天壮族的主要两个支系，它们存在了 1 000 多年，创造了灿烂的稻作文明，形成了大石铲文化、骆越文化、青铜文化、花山文化等，都是中华民族宝贵的文化遗产。壮族文化历史的脉络上溯久远，在各民族不断的交往交流交融中绵延发展至今，由此更加需要加深民族记忆，对民族文化进行挖掘，铸造各民族成员之间的共同记忆，构成中华文化多元一体丰富的宝库，从而恒久流传。即使经历了历史的洗礼，只要共同的文化特点仍然存在，民族的自我意识就能够维系。这些共同的文化特点是民族认同和凝聚力的重要来源，也是保持民族持续发展和繁荣的基础。[①]

---

① 黄淑娉：民族识别及其理论意义 [J]. 中国社会科学，1989（1）：107-116

（二）壮族优秀传统文化的概念与主要内容

1. 壮族优秀传统文化的概念

文化一词内涵丰富，广义的文化指人的社会生活本身，浸透方方面面，马克思认为文化是自然的人化，是人在改造自然过程中产生的。在他看来文化是人类社会实践的直接产物，是适应、利用、改造自然后经过人化了的结果。[①] 文化本身孕育着"以文化人"的寓意，是人在社会生活中经过不断实践形成的人类精神与活动相结合的产物。因此，文化是一种既成的，也是时时增新的世界。[②] 传统文化是各民族在漫长的社会历史发展中，思想观念、价值目标不断积淀而成的文化总体表现。它代表着每个民族的自我认同和归属感，凝聚了人民的智慧，也承载着各民族之间不同的价值观念。它不仅是历史的见证，还是民族精神和文化传承的重要标志。传统文化在一定程度上影响着各个民族的思维方式和生活方式。唐代陆德明在《经典释文》中所说："传者，相传继续也。"这指出了传统文化具有继承、传递和延续的含义，具有世代相传的社会因素。从中华文化历史发展脉络来看，传统文化经过了历史大浪淘沙。纵观中华文化的发展历程，作为客观存在的文化形态，传统文化经历了历史的洗礼和演变，并始终随着社会发展而持续运动、变迁、传承和发展。它承载着历史符号，同时不断摒弃与时代不相适应的陈规，吸收新的元素，在传承中持续创新和发展。它以开放的态度不断适应时代的变革和社会的需求，是一个动态发展的文化概念。在传承和发展过程中，传统文化保持了其根本的特征和核心价值观念，同时与现代社会价值理念相互呼应和互动，展示出生命力与韧性。这种动态的发展使传统文化能够与时俱进，为中华文化的繁荣作出新的贡献。传统文化具有强

---

① 中共中央马克思恩格斯列宁斯大林著作编译局．1844年经济学哲学手稿 [M]．北京：人民出版社，2018：75-79．

② 张澍军．德育哲学引论 [M]．北京：中国社会科学出版社，2008：145．

烈的历史遗传性，承载着人们世代传续的思维方式、行为规范和价值观念，又具有鲜活的现实变异性。只有成为新时代文化吸收和借鉴的重要组成部分，具有强大生命力和恒久价值的文化才得以延续和发展。也就是说，传统文化在当代中国人的生活中无时无刻不发挥影响和制约的作用，它让人们了解和尊重过去的智慧，同时为人们提供了思考和创新的灵感，通过继承和发扬传统文化，人们能够赋予当代文化更深厚的底蕴和独特的价值，同时促进文化的多元发展和社会的进步。① 如今，人们之所以要继承传统就是因为其中蕴含的丰富价值内涵，仍能够在现代社会指明方向，并在传承创新的基础上形成具有鲜明特色的现代文化，为当下所用。而在继承传统文化的统一性、包容性和时代性，摈弃其局限性、保守性和单一性的条件下，需要融入中华民族现代文明来实现传统文化的创造性转化，承担新时代文化育人任务。②

壮族的历史悠久，是一个人口众多的民族，在长期生产生活实践和交往交流交融过程中，壮族先民与各民族形成了亲密无间、水乳交融的良好关系，创造了丰富多彩、璀璨夺目的传统文化，是中华优秀传统文化中的重要组成部分，壮族文化也是经过时代与传统承接形成的具有民族特色的文化。以白莲洞、甑皮岩、顶蛳山为代表的新石器时代文化，以刘三姐为代表的歌圩文化，以铜鼓为代表的青铜文化，以"那"地名、青蛙图腾崇拜为代表的稻作文化，以干栏房屋为代表的木构建筑文化，以壮族"三月三"为代表的地方民族传统节日文化，以彩调、壮剧为代表的戏剧文化，以左右江革命根据地为代表的红色文化，这些都融入了中华优秀文化之大成。

一个民族能够独立存在和发展延续，根本原因在于其形成了独特的文化特色，这些特色成为区别该民族和其他民族的主要标志。壮族在漫

---

① 张岱年，方克立.中国文化概论[M].北京：北京师范大学出版社，1994：9-10.
② 戚万学.多元文化背景中道德教育的文化自觉[J].人民教育，2011（22）：3-7.

长的历史发展中创造了独具特色的物质和精神文化，这些文化凝结了壮族的历史、宗教、风俗习惯、艺术表现和价值观念，展示了壮族独特的个性，形成了独具魅力的民族文化符号和象征。同时，在与各民族文化的碰撞中，壮族文化不断吸收借鉴并进行创新，展现了自身文化的内在动力和生命力。据史料可知，壮族文化是在与其他民族的交流中形成的，并呈现出岭南越人文化的多元结构。壮族文化作为中华民族多元一体格局中的重要组成部分，丰富了多元文化景观，展示了中华民族文化的多元性，成为中国传统文化的重要组成部分之一，为丰富和发展中国传统文化、促进民族团结进步作出了贡献。

2. 壮族优秀传统文化的主要内容

在漫长的历史岁月中，壮族先民不断总结与自然和社会斗争的经验，集数百代人的聪明才智，创造了博大精深的民族精神，形成了独具壮族特色的传统文化。稻作文化、花山崖壁文化、布洛陀文化、歌圩文化、铜鼓文化等都是其中比较典型的代表，其中的家国情怀、民族团结、和谐包容、共同发展等民族团结进步元素都蕴含在壮族优秀传统文化的主要内容中，研究者应对这些丰富的文化进行深入挖掘和探析。

（1）稻作文化。壮族人民很早就开始栽培水稻，考古发现壮族地区是世界稻作的起源地之一。在文山州广南县发现的新石器时代遗址均位于溪流江河畔的山洞崖穴和高地上，在其中发掘的灰坑、炭屑以及稻穗螺壳等痕迹证明了新石器时代中国南方古越人就开始了种植水稻的农耕生活。[①] 在广西广泛分布着以"那"命名的区域，"那"在壮语中是水田的意思，形成了独特的地名文化景观——"那文化"，以"那""弄"地名为标志的壮族文化区是壮族文化赖以生成的地理基础，该文化区发达的稻作文明，奠定了壮族民族心理、民族性格形成的物质基础。这说明壮族自古以来就据"那"而作，依"那"而居，是以稻作为本的共同体。

---

① 孔昭翔.广南壮族来源考[J].民族研究，1994（4）：69-76.

壮民将稻谷视作生命的源泉，世世代代的壮族人民在水稻耕作中展现出了细心、耐心以及团结协作的精神。在彼此的互帮互助中，他们认识到了团结协作的重要性。稻作文明是中国古代农业文明的重要组成部分，壮族人民始终传承着与稻作文明密切的生活传统和文化习俗，体现了壮族人民的人生观和价值观，以及对土地的热爱，对自然的敬畏。在壮族人民的精神世界中，与稻作文明有关的神灵信仰，主要有崇拜社王、蛙神、水神等，其中社王崇拜较为普遍，青蛙崇拜集中在桂西北地区。壮族民众认为，青蛙为雷王之子，也有人称之为雷王之女，是雷王派到人间的使者，若要求得好年成，就要祭祀青蛙。在长期的观察和农耕实践中，人们发现青蛙鸣叫与降雨的出现有一定的关联。青蛙在雨季时会频繁地鸣叫，人们逐渐发现了"青蛙呱呱叫，大雨就要来"的自然规律。然而，古代的先民并不了解青蛙的生理特性与出现降雨的关系，因此他们用神话来解释这一现象。他们认为青蛙是天神的使者，认为只有青蛙鸣叫，天上的雷王才会带来雨水，从而保证农作物的丰收，这种传统的稻作文化寓意和符号展示了对自然的尊重和对丰收美好愿望的追求。壮族地区每年在春秋两季都会举行社王神位祭祀活动，农历二月初二为许愿日，祈求社王保佑风调雨顺，五谷丰登。八月初二为还愿日，当天需要每户至少派一人到社庙参加聚餐祭祀活动。不同地区活动的方式和实践会存在一些差异，但都是围绕"稻作文化"主题，表达风调雨顺、人和家富的期盼，壮族节日民俗中大多蕴含祈求农业丰收的喻义，以求五谷丰登。[①]长久的稻作文化的熏陶与影响下，壮族的农耕文明方式塑造了其独特的民族性格和文化心理，表现为对土地的依赖、亲近自然、平和稳健，以及对神灵的敬畏，而且这种生产方式在社会发展中逐渐培育出坚韧不拔、吃苦耐劳、和谐包容、相互尊重的民族性格与文化心理。

① 陈顺强，普忠良 . 郭利芳 . 彝族优秀口传文化的包容性发展与传承保护 [J]. 贵州民族研究，2020，41（6）：79-82.

（2）花山崖壁文化。花山崖壁画是先秦时期古代壮族先民在特定的社会历史环境下创作的艺术作品，展现了他们丰富的文化内涵和独特的审美观念，具有重要的社会集体审美活动意义。这些壁画绘制在陡峭的悬崖上，通过精湛的技术刻画了人物、动物的生产生活状态等，创造了一个丰富而生动的画面世界。在表面上看，这些崖壁画可能缺乏体系，但实际上体现了深层的原始信仰文化元素，它们反映了当时壮族先民对于自然力量和秩序规律的寻找和崇敬。通过花山崖壁画，人们可以了解古代壮族先民的生产生活体系和文化传承，看到先民对自然界的敬畏、对神秘力量的崇拜以及自身与祖先、神灵的联系。这些壁画反映了古代壮族社会的价值观、生活方式和思想观念，同时体现了壮族先民对于美的追求和艺术创作的热情，花山崖壁画不仅是壮族人民文化传承的宝贵遗产，还是研究古代社会历史、宗教信仰和艺术形态的重要线索。它们向当代人展示了壮族先民的智慧和创造力，启示当代人理解和珍视多样的文化遗产的重要性。

花山崖壁画地处广西左江流域，延绵 200 多千米，共 178 处。其中，宁明左江畔花山地区的崖壁画较为集中，气势磅礴，尤为壮观。这些画作位于临江崖壁之上，人物形象高大，富有粗犷而传神的特点，充分展示了壮族先民卓越的艺术创造力。它们以丰富的表现形式，诠释了壮族文化的独特魅力，这些崖壁画不仅是一种文化遗产，还是对壮族人民智慧和艺术才能的生动见证，彰显了壮族文化的丰富内涵和独特风采。① 左江流域的崖壁画被认为是源自稻作文化，以蛙的动作进行刻画，是壮族先民蛙图腾崇拜的再现，反映了壮族人民与稻作农业紧密联系的生活方式。花山崖壁画承载着文化符号记忆，也为当代壮族人民寻找根源、巩固民族认同感和增强民族归属感提供了历史文化的借鉴。崖壁画

---

① 覃彩銮.骆越舞蹈文化：骆越文化研究系列之一[J].广西社会主义学院学报，2019，30（3）：66-76.

记录了风俗习惯和宗教仪式，会时刻唤起民族记忆，成为壮族群众生命中深刻、核心的文化基因。这些崖壁画是壮族自我认同和与其他族群相互认同的标志，有助于壮族人民增强对自身文化的认同，增强对中华民族的认同，提升对整个中华民族的归属感，为民族团结和社会和谐作出贡献。它们在弘扬民族文化、保护民族传统和传承的过程中扮演着重要的角色。崖壁画的保护、传承和研究对于强化文化认同、传承中华优秀传统文化具有重要意义，也为广大壮族人民提供了历史文化方面的精神支撑。①

（3）布洛陀文化。"布洛陀"本义是指"无事不知晓的老人""山里的头人""智慧老者"等，是壮语的音译叫法。布洛陀是一种以壮族始祖命名的"始祖文化"，是在交往交流交融中壮族人民各种思想文化、价值观念和意识形态表征的总体展现，是中华文明的重要源头之一。布洛陀文化在壮族社会中具有重要的地位，布洛陀经是壮族民族传统文化中的重要经典之一，被视为壮族的"始祖经文"。它基于与土地、自然、祖先等密切相关的主题，形成了一个有主体、有叙事、有节庆、有祭拜活动的民族文化形态，集结了壮族优秀传统文化的精华和价值观念，反映了壮族人民与自然环境的紧密关系，对民族意识和社会生活的各个方面产生了深远的影响。②布洛陀文化作为壮族优秀传统文化的一部分，承载着丰富的历史、宗教、祭祀和道德等方面的内容，反映了壮族人民在长期的历史演变中形成的独特文化特征和传统价值观。布洛陀文化产生、形成和发展与中华文化有着密切的关系，也展现出壮族独特的文化特征和价值观。布洛陀文化可以被视为中华文化的一个"子文化"，是壮族优秀传统文化的根基和核心，壮族人民通过布洛陀文化表达了对自身文化

---

① 钟敬文.民俗学概论[M].上海：上海文艺出版社，1998：186.
② 刘亚虎.布洛陀文化的典型意义与独特价值[J].广西民族研究，2005（2）：96.

传统的自豪感和认同，也为中华文化的多元性和丰富性作出了贡献。①

布洛陀文化是一种兼容并蓄、多元化的民间信仰体系，融合了不同民族的文化元素。布洛陀文化是壮族民族文化的起点，也是壮民族身份的重要文化符号，它对壮族民族的发展起到了至关重要的作用。布洛陀文化的多元性展现了壮族民族对不同文化的包容和融合，同时反映了壮族人民在多元文化交流中的开放心态和独立精神。布洛陀文化包含着壮族及其先民对始祖的无限崇拜，展示了他们在历史进程中所形成的传统价值观，增强了壮族的民族认同和国家认同，促进了民族团结与社会稳定。②

（4）歌圩文化。壮族民间文学在中华民族传统文化中占据着重要地位，其形式多样、内容丰富、题材广泛，以传统民歌、山歌等为代表的歌圩文化独具特色，具有壮族历史和民族文化特征。民歌是劳动人民创造的，也为劳动人民提供了理解和欣赏艺术的机会，这些民歌多以口头传唱的方式流传，涵盖了丰富的内容，包括对生活、爱情、家园的赞美，对自然、历史、传统的歌颂等各种体裁和题材的民歌，成为壮族优秀传统文化的主要代表，同时承载着壮族人民的情感和思想。"歌圩"在壮语中根据地域不同，也称为"圩逢"，或者"圩欢"，意为欢乐的集市，之所以这样表达，是因为人们在歌圩上聚集欢庆、合唱歌曲，犹如一个欢乐的集市。歌圩是壮族民间艺术的重要表现形式，在无数的歌圩活动中，人们演唱着民歌，表达情感和思绪。歌圩不仅是文化交流的场所，还是壮族文化传承的重要平台。在歌圩上，人们以歌曲为媒介，传承了壮族的历史、传统、价值观和情感，而通过歌曲的传唱，文化得以广泛传播，民族之间交往交流更加紧密。

---

① 刘婷. 壮族布洛陀文化的当代重构及其实践理性：那县的田野表述 [D].武汉：中南民族大学，2012.

② 林耀华. 民族学通论 [M].北京：中央民族大学出版社，1997：196.

《诗经》中的"溱洧之风"描述的是先秦时期的民歌风格，是民间民歌艺术的源头，壮族歌圩文化形式、风格和内容与此类似。歌圩起源于壮族部落时期的群体性的祭祀歌舞活动，也就是在举行岩洞祭祀的同时唱歌，后来逐渐从唱歌"娱神"演变为"娱人"。历来有"春歌正月初一、三月初三，秋歌中秋节"的传统，壮族人民继承了古越人"尚越声""创作越歌"的民族文化风俗。[①]歌圩不仅是一个娱乐和欢庆的场所，还是文化交流和人文交融的重要平台。通过歌圩，壮族人民能够表达他们的情感、传承他们的历史和文化，展示壮族文化艺术的独特魅力。在没有民族统一文字的时代，壮族人民只能通过歌唱来进行思维和感情的交流，传播民族历史和文化知识。这种易于掌握和记忆的歌唱形式是壮族人民满足审美需求的方式之一，也构成了壮族特有的民族心理素质、人生观和美学观。歌圩活动的形成与刘三姐的出现标志着以山歌为代表的歌圩文化发展兴盛，并成为壮族优秀传统文化的重要象征。根据历史研究，歌圩活动形成于唐代，"歌仙"刘三姐的出现可以被视为歌圩形成的重要历史节点。刘三姐是现实生活中拥有卓越歌唱才能的民间歌手的化身，她的形象塑造体现了对人类智慧、歌唱技艺以及精神生活需求的崇尚，从而使壮族人民将歌唱看作一种神圣的表达方式。歌唱作为一种融合多种文化元素的民间艺术创造和表演形式，真实反映了壮族人民的生活状态和情感体验。"三月三"作为广西富有代表性的文化符号，2014 年列入国家非物质文化遗产保护名录，具有丰富的文化功能内涵，将文化与民俗连在一起，突出了中华民族共同体中的民族认同，而且其在教化、影响和维系民族关系方面有着突出的传统功能。[②]

（5）铜鼓文化。壮族铜鼓文化传承悠久，第一批被列入国家非物质文化遗产名录。铜鼓作为一种民族民间乐器，源于农业时代稻作活动的

---

① 潘其旭.壮族歌圩研究[M].南宁：广西人民出版社，1991：63.
② 钟敬文.民俗学概论[M].上海：上海文艺出版社，1998：11-26.

一种文化创造，公元前 8 世纪随着民族的迁移和民族间的文化交流，沿着大江大河分布到我国南方的广西等广大地区。铜鼓上的纹饰丰富多样，大多为太阳、雷电纹、水波纹以及蛙图腾等，壮族历来有"尚铜鼓"的习俗，壮族民间有"养鼓"的习俗，就是收藏铜鼓。

铜鼓文化是古代壮族人民光辉的文化遗产，根据明代《炎徼纪闻》记载，古代壮族人民尊崇铜鼓，这种铜鼓空心而无底，常常被用来作为娱乐的乐器。清代时期，击铜鼓成为壮族地区盛行的音乐活动，清朝《开化府志》记载了壮族人民通过击打铜鼓来表达情感，其中包括节日庆祝和社交娱乐等场合。铜鼓文化在壮族社会中扮演了重要的角色，不仅是音乐的载体，还是民族凝聚力和文化认同的象征。当前，广南、师宗等地的壮族在节庆、婚丧喜事、祭祀、娱乐等活动中还使用铜鼓，广南还流传着优柔典雅的铜鼓舞。铜鼓文化是壮族人民的宝贵文化遗产，它体现了壮族人民对美好生活的热情期盼和追求，也承载了他们对文化传统的珍视。铜鼓文化延续了民族符号，使其在新时代焕发活力，同时传承了壮族文化的独特魅力，成为中华民族凝聚力和文化认同的重要象征。

（三）壮族优秀传统文化的传承与发展现状

文化为时代的产物，要发挥它在当代的价值，就必须对它的价值内涵进行转化和发展。壮族作为我国人口最多的少数民族，其文化中蕴含着丰富的教育资源，且在中华民族共同体意识培育方面有其优势和特色，所以要加强对壮族优秀传统文化的挖掘与创新。习近平指出："一部中国史，就是一部各民族交融汇聚成多元一体中华民族的历史，就是各民族共同缔造、发展、巩固统一的伟大祖国的历史。"[①]不论从历史渊源还是现实发展来看，壮族优秀传统文化的传承和发展都深深扎根于中华民族共同体的根脉，这种文化的传承对于铸牢中华民族共同体意识、

---

① 习近平.在全国民族团结进步表彰大会上的讲话[N].人民日报，2019-09-28（2）.

促进国家的安定团结具有重大意义。壮族优秀传统文化的独特之处在于它融入了中华民族共同体成员共有的价值观、信仰体系和传统智慧，又以其地域特色丰富了中华文化。这种文化的传承与发展展现了中华民族共同体的多元性和凝聚力，为构建和谐繁荣的国家作出了重要贡献。马克思与恩格斯就对待传统文化的方法态度提出了"批判""剥取""扬弃"的基本方法。这一方法论旨在通过促进传统文化的更新与发展，使之更好地服务于当代社会的需求和发展，为后来的批判继承和创新发展传统文化提供了理论指导。

保护和传承民族文化是维系民族群体、寄托民族精神、增进民族情感的必要需求。民族文化是民族群体身份认同和凝聚力的重要来源，它承载了民族的历史、文化传统和价值观念。保护和传承民族文化有助于维护民族团结和国家统一，促进社会和谐与稳定。通过对历史文化的传承，可以深入挖掘传统文化中具有时代价值的理念、方法和智慧，使其与现代社会的需求相适应。这样的传承不仅有助于实现中华民族伟大复兴的目标，还能够丰富大学生的中华民族共同体意识，培育他们对民族历史与文化的认同感和自豪感。①

壮族是中国人口最多的少数民族，拥有丰富多彩的民族文化。近年来，广西贯彻落实中央民族工作会议精神，多举措保护、传承、弘扬壮族优秀传统文化，在文化的传承发展和创新上取得了一定成效。在对壮族优秀传统文化的挖掘、传承及发展过程中应立足现阶段壮族优秀传统文化发展的现状，认清发展过程中存在的问题，重视挖掘、传承及发展壮族优秀传统文化的意义，实施相应的挖掘、传承及发展手段，增强各民族成员对壮族优秀传统文化的认知与理解，提升壮族优秀传统文化的普及度和传承度，通过加强教育、研究和文化交流，将现代元素融入壮

① 王炳林，李盖启. 马克思主义同中华优秀传统文化相结合的时代价值 [J]. 教学与研究，2021（11）：22-29.

族文化的发展中。使其与群众的期望相一致，与时代的多元化和创新精神相融合。要让壮族文化不仅在中华文化的多样性中体现自身个性，还在个性中体现出普遍性。传承和发展民族文化不是简单地固守传统，而是在传承的同时吸收外来文化，促进文化的现代更新和发展，并使其具备自主性延续的功能。这意味着要在传统文化的基础上保持开放与包容的态度，吸收借鉴其他文化的优秀成果，使民族文化能够与时俱进、与社会现实相适应。这种创造性转化和创新性发展是保持和发展民族文化生命力的关键。对于壮族来说，实现优秀传统文化的创造性转化和创新性发展，是实现壮族优秀传统文化融入大学生铸牢中华民族共同体意识的首要前提。只有通过深入挖掘壮族优秀传统文化所蕴含的智慧和价值观念，结合现代社会的需求和发展，使其焕发出新的活力，才能实现壮族优秀传统文化融入大学生铸牢中华民族共同体意识的目标。

二、壮族优秀传统文化融入大学生铸牢中华民族共同体意识的相关概念

壮族优秀传统文化融入大学生铸牢中华民族共同体意识首要前提就是要厘清楚相关的核心概念。概念反映事物的本质属性，厘清概念，科学把握概念间的关系，是开展研究的基础与前提。通过对概念的解析以及对壮族优秀传统文化融入中华民族共同体意识的内涵阐释，可深化人们对"多元一体"共同理念的理解，凝聚各民族团结奋斗的思想共识。

（一）共同体意识相关概念阐释

学界普遍认为，共同体是由一组具有相同种族、身份、道德观念等客观或主观特征的个体组成的各种不同层次和性质的团体。共同体的形

成基于共享的身份认同和价值观，为个体提供了团结、凝聚和归属感。共同体的存在对于个体的社会关系、认同建构，以及社会秩序和凝聚力的形成都具有重要意义。共同体是人类社会存在的一种形式，是人们追求解放的手段。通过社会实践生活，人们自主地结合在一起，超越物化的社会关系束缚，并从血缘共同体、需求共同体逐渐发展成为真正的共同体。对于民族共同体概念内涵的科学阐释，需要从各民族在历史发展中互动、交流和融合所产生的共同性来思考，并结合各民族之间的心理认同加以解读。随着社会经济的发展、生活条件的变化以及人们认识能力的提升，对于共同体的理解需要考虑到各种社会因素的变化，共同体的内涵、外延和存在方式也在不断变化，并与时俱进。①

中华民族共同体是一个综合了社会、政治、经济、文化等的具有总体性的复杂共同体形态。从更深层次来看，这个共同体的核心凝聚方式在于各民族对于文化的认同，以及对于共同价值的坚守。它可以被视作一个文化共同体，集合了各个民族的文化特征与传统，促成了一种文化认同，并促进了民族的凝聚与发展。②中华民族共同体意识是各族人民集体对中华民族共同体统一本体的认知和反映，包括了理论理解和实践认同。这个概念由"中华民族共同体"和"意识"两个核心概念组成，包括认识、认同和归属意识，其中"中华民族共同体"是一种客观存在的实体，而"意识"涉及民族个体的思想和认知。③准确理解中华民族共同体意识的内涵，对于民族治理能力和水平的提高具有重要意义。它能帮助人们更加准确地把握基本国情，提升对民族事务的治理能力。中

① 陈飞.共同体意识与中华民族共同体建设[J].宁夏社会科学，2023（3）：15-22.

② 邹广文.论中华民族共同体的文化叙事结构[J].哲学研究，2021（11）：5-13，127.

③ 严庆.本体与意识视角的中华民族共同体建设[J].西南民族大学学报（人文社会科学版），2017，38（3）：46-50.

华民族共同体意识能有效增强各民族成员对本民族文化的认同，同时促进民族地区高校建设，增强大学生维护国家统一和民族团结的坚定信心和决心。费孝通提出，民族意识是指同一民族的人集体感受到彼此共同体的心理状态，他更多强调对自己人的认同心理和接纳意识。① 郝亚明则认为民族意识是心理学中的一种群体认同意识，可以借助心理学社会认同领域的理论框架和研究模型来深入研究中华民族共同体意识的培育原因和途径。② 这些观点表明，民族意识是通过共享的文化、价值观和历史记忆，使得同一民族的人们感受到彼此是共同体的一员。心理学社会认同领域的理论和研究模型可以帮助人们理解中华民族共同体意识的培育过程。这些模型包括社会认同理论、群体认同理论等，它们探讨了个体如何与特定社会群体产生认同感，并将其视为塑造群体凝聚力和认同感的重要因素。李宝刚的观点认为，民族共同体意识不仅存在于民族心理认同中，还在日常生活中得以体现，它是价值认同和社会实践的统一，凝聚了中国社会千百年来的现实状况、实际需求和认同情感等多种因素。③ 董慧等提出中华民族共同体意识的本质是一种理性与感性统一的社会意识，其核心涉及政治、文化和身份认同。④ 郎维伟，陈瑛、张宁提出中华民族共同体意识作为自觉自知的民族意识，突出了中华民族血脉相连的关系，其核心内容体现为价值认同，包括对共同的价值观、文化传统、历史记忆、政治制度和国家身份的认同。⑤ 同时在他们的观

① 费孝通.关于我国民族的识别问题 [J].中国社会科学，1980（1）：147-162.

② 郝亚明.社会认同视域下的中华民族共同体意识探析 [J].西北民族研究，2020（1）：19-26.

③ 李宝刚，张新南.理解中华民族共同体意识的三重向度 [J].社科纵横，2018，33（11）：31-35.

④ 董慧，王晓珍.中华民族共同体意识的基本内涵、现实挑战及铸牢路径 [J].中南民族大学学报（人文社会科学版），2021，41（4）：21-30.

⑤ 郎维伟，陈瑛，张宁.中华民族共同体意识与"五个认同"关系研究 [J].北方民族大学学报（哲学社会科学版），2018（3）：12-21.

点中，中华民族共同体意识可以被理解为一种自觉自知的意识，其核心是追求各民族的团结统一和构建命运共同体。① 中华民族共同体意识的形成机理可以描述为在特定内外环境共同的作用下，中华民族共同体这个客观事物具有的典型信息被人脑接收，由人脑对其进行加工和转化最终形成意识的过程。② 在对民族意识和中华民族共同体意识的生成和发展进行分析和阐述时，必须掌握好马克思主义关于物质与意识相互关系、意识产生和发展的一般性论述和特征，以更好地理解中华民族共同体意识生成的本质。③ 站在民族的角度去看，对于中华民族共同体意识的培育先是一个认同问题，这种认同需要在文化上得到具体表现。④ 中华民族共同体意识是各民族成员在社会实践和精神文化层面上共同建立的，体现了各民族文化融合过程中形成的地缘共同体、血缘共同体和精神共同体三者统一体在人们头脑中的主观认知。⑤ 在国家认同层面理解中华民族共同体意识可以帮助人们更好地把握中华文化和命运共同体的丰富内涵。中华民族共同体意识可以被视为对国家认同的一种表现形式，它强调了在中华民族共同体中，各民族成员都应该树立正确的国家认同、公民意识和法治观念，具有相应的权利和责任。而中华民族共同体意识也帮助人们认识到与民族成员之间的关系，并更好地理解民族与

---

① 郎维伟，陈瑛，张宁.中华民族共同体意识与"五个认同"关系研究 [J].北方民族大学学报（哲学社会科学版），2018（3）：12-21.

② 青觉，赵超.中华民族共同体意识的形成机理、功能与嬗变——一个系统论的分析框架 [J].民族教育研究，2018，29（4）：5-13.

③ 顾超.西北地区中华民族共同体意识培育研究 [D].兰州：兰州大学，2020.

④ 王希恩.中华民族建设中的认同问题 [J].西南民族大学学报（人文社科版），2019，40（5）：1-9.

⑤ 王鉴.国家治理视角下的中华民族共同体意识教育 [J].中国教育科学（中英文），2020，3（1）：18-27.

国家的关系。①总体而言，可将中华民族共同体意识的构成分为客观性和主观性两方面。客观性的内容强调了中华民族共同体的地域、语言、文化传统、祖先等实体内容，这些实体方面的共同性是中华民族成员之间联系和认同的基础。主观性内容重点为民族成员的民族意识和心理状态，它涵盖了对中华民族共同体的归属感、认同感和自豪感等。这种主观意识是个体在共同的文化历史、价值观念和命运共同体的背景下形成的一种价值观认同。

（二）铸牢中华民族共同体意识相关概念阐释

开展铸牢中华民族共同体意识的培育研究需要更深入地理解其内涵和重要性，习近平总书记的讲话多次提及"中华民族""中华民族共同体"以及"中华民族多元一体格局"等概念，着重强调了大学生铸牢中华民族共同体意识的要求。梳理发现，从要求"积极培育"开始，到后来提出要"牢固树立"，党的十九大报告强调"铸牢"的新要求，这一系列表述不只是用词不同，更重要的是赋予了"中华民族"新的内涵属性。中华民族共同体意识的培育是党和国家处理民族问题时的新理念、新思想的体现。它不仅关乎民族团结，还反映出对中华民族多元一体性的认知。铸牢这种意识是新时代民族工作的重要目标，同时为民族理论研究提供了新的方向和路径。通过深入研究中华民族共同体意识培育的内涵，可以帮助人们理解国家认同的重要性，促进各民族树立正确的国家、公民和法治意识。这有助于正确认识民族成员之间的关系，以及民族与国家的关系。因此，深入研究中华民族共同体意识的培育对于构建和谐统一的中华民族大家庭具有重要意义。

将"铸牢中华民族共同体意识"写入《中国共产党章程》，凸显

---

① 虎有泽，云中.国家认同视域下中华民族共同体意识[J].贵州民族研究，2018，39（11）：1-6.

了其在实现中华民族伟大复兴过程中的重要性和重大意义。从"中华民族共同体意识"到"铸牢中华民族共同体意识"，这一提法强调了对共同体意识的巩固和稳固，具有深远的意义。铸牢中华民族共同体意识的提法采用了"铸"的本义，意味着要将各民族的意识融合在一起，形成一种持久和牢不可破的共同体意识。① 这不仅要求中华民族各个成员在交流和融合中增强认同感，还需要他们通过共同的历史记忆、文化传承、价值观念的传播来强化共同体意识的根基。铸牢中华民族共同体意识的目标是各民族成员坚定地维护国家统一和民族团结这一中华民族根本利益。通过激发每个民族成员的爱国情怀和民族自豪感，促进民族成员形成共识，增强认同感和归属感，加强大家庭意识，让中华民族成为一个紧密团结、相互支持的整体。新时代铸牢中华民族共同体意识要求人们正确认识历史，尊重和保护各民族的自由、平等和尊严，增强文化认同和社会认同，推动民族平等、和谐发展的进程，这也是铸牢中华民族共同体意识所追求的根本目标。② 铸牢中华民族共同体意识对于增进各民族对中华民族的自觉认同至关重要，这将夯实我国民族关系发展的思想基础，进一步推动中华民族成为具有更高认同度和更强凝聚力的命运共同体。因此，铸牢中华民族共同体意识已成为新时代党的民族工作的核心内容。铸牢中华民族共同体意识强调的是引导各族人民树立休戚与共、荣辱与共、生死与共、命运与共的共同体理念。③ 这意味着要加强各民族之间的沟通和交流，加深彼此间的情感认同，促进各民族共同参与国家建设与发展、共享

① 徐杰舜."铸牢中华民族共同体意识"理论的内涵与学术支撑[J].湖北民族大学学报（哲学社会科学版），2020，38（4）：77-86.

② 李贽.新时代铸牢中华民族共同体意识的根本遵循：学习习近平总书记关于加强和改进民族工作的重要思想[J].毛泽东邓小平理论研究，2023（5）：18-26，108.

③ 自治区民委以铸牢中华民族共同体意识为主线 推动新时代党的民族工作高质量发展[N].内蒙古日报（汉），2022-03-29（6）.

改革开放和现代化进程的成果。只有通过共同奋斗、相互帮助、团结一心，才能夯实中华民族的凝聚力和向心力，形成真正意义上的命运共同体。铸牢中华民族共同体意识的目标为引导各民族以中华民族为核心，坚守共同的价值观和文化认同，共同致力实现中华民族伟大复兴的中国梦。通过深入人心的共同体意识，人们将能够促进民族团结与和谐，促进全国各族人民共同发展和幸福。铸牢中华民族共同体意识在政治、经济、文化、社会和心理等维度上都具有重要的内涵，它是促进各民族团结奋斗、实现中华民族伟大复兴的关键所在，也是构建人类命运共同体的重要组成部分。在文化上，中华民族共同体意识表现为对中华文化的认同，中华文化具有多样性和统一性的特征，中华民族共同体意识是在中华民族几千年来的交流与融合过程中形成的，各民族人民拥有共同的文化价值观和目标，形成丰富多彩的中华文化。在社会层面，中华民族共同体意识是各族人民对共同的社会环境的认同，各族人民在共同的地理空间中共同生活，并接受统一管理，各民族人民对这种地域关联性的认同构成了中华民族社会共同体意识培育的重要内容。在心理层面，中华民族共同体意识是一种群体意识，它的形成与中华民族的共同历史、文化传承和共同奋斗有关，包括了对国家、中华民族以及对中华文化认同，包含了民族凝聚力、自尊心、自豪感等情感认知和行为要素。中华民族共同体意识的培育有助于加强对中华民族的认同，促进各民族之间的团结和社会心理的融合。①

铸牢中华民族共同体意识是指在中华民族这一多民族统一国家中所有民族成员逐渐从无意识到有意识的认同、情感和行动上对于中华民族共同体的高度共识。②我国各民族成员都需要深入开展民族团结进步

---

① 麻国庆，关凯，施爱东，等.多学科聚力铸牢中华民族共同体意识研究（笔谈一）[J].西北民族研究，2020（2）：5-17

② 高兵，国建文.铸牢中华民族共同体意识的内涵建构：基于心理学视角[J].民族教育研究，2022，33（4）：56-61.

教育，培养和加强中华民族共同体意识，并增强全民族的心理共同体认知。这样做可以促使各民族人民像石榴籽一样紧紧拥抱在一起，形成更高认同度和更强的凝聚力，齐心协力来实现中华民族伟大复兴的中国梦。

（三）融入相关概念阐释

"融入"是指一个事物进入另一个事物之中，成为另一个事物的一部分或者分散在另一个事物之中，物质之间彼此接受。本书中研究中的融合属于无物质形态的融合，用于人的范畴，一个人或群组从思想上和形式上融入了另一个群组，成为一个更大的群组，是指精神层级的融合和接纳。在这里，融入就具有了转化、适应、统整等内涵。值得注意的是，融入并不是指要取代原有事物存在的属性，而是指两者充分地结合，前者丰富后者的内容与方法，后者增强前者的内涵和意蕴。壮族优秀传统文化融入铸牢大学生中华民族共同体意识就是说，要深挖壮族优秀传统文化中蕴含的中华民族共同体意识相关资源和内容，通过促进壮族优秀传统文化的创造性转化、创新性发展，整合和凝聚各民族的文化力量，并将其融入铸牢中华民族共同体意识，融入高校立德树人全程，丰富中华民族共同体意识培育元素、形式、方法，为促进民族团结、民族进步注入强大精神动力。

将壮族优秀传统文化融入大学生铸牢中华民族共同体意识，实现铸牢中华民族共同体意识的这个目标，需要通过精心护理、营养供给、环境控制等多个方面的共同作用。可使用一些融入手段和措施，如提供适宜的教育、文化、社会和心理环境，帮助民族成员了解中华民族的历史、文化和成就，促进各民族之间的交流与融合，增强他们对中华民族的认同感。

三、壮族优秀传统文化融入大学生铸牢中华民族共同体意识的理论依据

（一）马克思主义民族理论

马克思和恩格斯在创立马克思主义的过程中，逐步形成了科学社会主义民族理论基本原理，第一次把人类社会和民族问题置于唯物史观的视野下来加以考察和研究，为人们观察、处理民族问题提供了科学的理论原则与方法论指导。马克思有关民族理论是马克思主义理论体系中的重要组成部分，具有原初性和奠基性的重要地位，对于理解和应对民族问题具有重要的意义。马克思主义民族理论深刻揭示了民族问题的本质和规律，为人们正确认识和处理民族关系、促进民族团结、实现民族复兴提供了重要的思想指导。同时，马克思主义民族理论是马克思主义理论体系中不可或缺的组成部分，与马克思主义的历史唯物主义、辩证唯物主义等核心理论相辅相成，共同构成了马克思主义的世界观和方法论。马克思和恩格斯晚年从人类社会发展的一般性规律切入研究家庭、民族和国家起源等方面的问题，形成了许多关于早期民族或原生民族的论述，并在后来的一些著作中多次提到共同语言、地域、历史、风俗习惯、生活方式、共同感情、民族意识、民族性格、工业条件等民族这一共同体的特征。马克思恩格斯就民族主要特征进行了许多论述，强调了共同语言、共同地域是民族形成的两个必要条件，民族的自然分界线，即语言的分界线。[1]马克思认为，民族绝不是凭空产生的，它是在社会

---

[1] 中国社会科学院民族研究所.马克思恩格斯论民族问题[M].北京：民族出版社，1987：18.

生产发展到一定程度、生产力得到一定发展、生产关系得到解放、社会出现分工时产生的。[①] 因此，民族不是"绝对精神"的产物，生产力的发展程度及其与生产关系相匹配的程度是民族形成的决定性因素。此外，恩格斯还注意到不同民族的性格特征，认为每个民族都有自己的性格。[②] 这些有关民族特征的理论观点为民族形成、民族发展、民族消亡等理论的形成和发展奠定了坚实的基础。马克思认为："人们所达到的生产力的总和决定着社会状况。"[③] 因此，民族作为社会存在，有其独特的文化属性和历史属性，它不是凭空产生的，其产生、发展的过程中深深地刻上了人类文明发展的印迹，同时呈现了生产力与生产关系二元互动、相互促进的历史作用。

人类社会发展不同阶段形成了不同的共同体，包括氏族、胞族、部落和部落联盟，这些共同体的形成纽带是血缘关系，而民族是以地域关系为基础，它们之间存在本质上的区别。一般来说，在原始社会末期，随着生产力的发展和氏族、部落的逐步瓦解，民族共同体才逐渐形成。在原始社会中，氏族是基于一个共同的祖先或血缘关系形成的社会集团。胞族是氏族的更小单位，由共享同一血统的个人组成。部落则由多个氏族或胞族组成，他们共同生活和进行合作。而部落联盟是由多个部落联合起来，并享有一定程度的自治权。随着生产力的发展和人类社会的演进，人们逐渐从以血缘为纽带的共同体向以地域为基础的民族共同体转变。古希腊不同的部落逐渐联合形成了一些相对较小的民族集团，然后这些民族形成了联盟，但其内部的氏族、胞族和部落仍然保持着

---

① 中共中央马克思恩格斯列宁斯大林著作编译局 . 马克思恩格斯选集：第一卷 [M]. 北京：人民出版社，2012：185-192.

② 中共中央马克思恩格斯列宁斯大林著作编译局 . 马克思恩格斯文集：第十卷 [M]. 北京：人民出版社，2009：484-486.

③ 中共中央马克思恩格斯列宁斯大林著作编译局 . 马克思恩格斯文集：第一卷 [M]. 北京：人民出版社，2009：533.

独立性。①民族共同体是在特定地域上形成的，成员之间共享一定的地域、文化和历史背景。这种转变是人类社会发展的必然结果，标志着人类社会进入了更为复杂和多元的阶段。因此，从氏族、胞族、部落到民族的演变过程，代表了人类社会共同体形成的历史进程，也反映了社会发展和生产力进步对人类社会组织的影响。民族共同体的形成是人类社会演进的一部分，对于理解人类社会的历史和文化具有重要意义。恩格斯在讨论民族形成的原因时提出民族的产生和存在受到了社会生产力发展程度的影响。古代所有的民族都是由很多不同的部落因为物质和利益关系而结合在一起的，在当时的历史条件下，属于某个部落对每个人来说是必然的，也是最自然的利益。②恩格斯在《家庭、私有制和国家的起源》中进一步发展了《德意志意识形态》中的思想，这是对民族形成的一般规律的高度、简明、重要和准确的概括。他提出民族是从部落发展而来的，民族的形成和国家的出现是同时发生的，由此可将民族的形成与阶级、国家和文明时代联系起来。从历史上来看，马克思主义一直主张解决民族问题的关键是打破民族之间的隔阂，实现民族之间的自由平等联合，以实现每个人的自由全面发展。马克思主义强调了解放全人类的目标，视民族问题为阶级斗争和社会变革的一个重要方面。恩格斯和马克思主义的观点告诉人们，理解民族形成和解决民族问题需要考虑社会生产力的发展和历史条件的作用。中华民族共同体意识是在对马克思主义民族理论和共同体概念的继承和发展基础上形成的。民族与"共同体"一脉相承，强调了各民族成员之间命运与共的相互关系。齐格蒙特·鲍曼指出："共同体是一个'温馨'的地方，一个温暖而又舒适的场所。它就像一个家（roof），在它的下面，可以遮风避雨；它又像是

---

① 中共中央马克思恩格斯列宁斯大林著作编译局 . 马克思恩格斯选集：第一卷 [M].
北京：人民出版社，1972：100.
② 中共中央马克思恩格斯列宁斯大林著作编译局 . 马克思恩格斯全集：第四卷 [M].
北京：人民出版社，1958：169.

一个壁炉，在严寒的日子里，靠近它，可以暖和我们的手。"①这强调了
"共同体"的内涵和意义，体现了人的本质是社会关系的总和，共同体
是人的社会性本质。马克思主义民族理论揭示了民族问题的规律和解决
途径，提出了实现民族团结和民族复兴的重要思想。民族理论与共同体
意识的结合并不是简单相加，马克思主义基本原理同中华优秀传统文化
相结合，是治国理政的理论基础，是与历史发展趋于一致的理论创新，
也是马克思主义时代化的思想渊源。马克思主义基本原理可激活民族优
秀传统文化中富有生命力的民族团结育人因子，使得马克思主义民族理
论拥有新的时代内涵。②

（二）马克思主义关于文化及思想政治教育的理论

马克思、恩格斯和列宁的经典著作中提出了很多有关"文化"的思
想观点，涉及文化的起源、价值以及科学对待民族传统文化的方法论。
这些观点共同构成了马克思、恩格斯和列宁文化理论的重要内容，为开
展新时代传承和创新中华优秀传统文化研究奠定了坚实的理论基础。虽
然马克思、恩格斯和列宁没有明确界定过"文化"的概念，但他们的著
作中频繁出现与文化相关的词汇，如"精神生活""意识形态"和"文
明"，这些词汇构成了关于"文化"的丰富论述。一些学者认为，马克
思和恩格斯在他们的著作中没有过多直接使用"文化"一词，有时将
"文化"与"文明"互换使用，从一定程度上来说，"文化"即是指"文
明"。他们认为，马克思主要从文明形态和社会生活方式的意义上使用
了"文化"概念。③恩格斯在《反杜林论》中强调了文化的重要性，在

---

① 鲍曼.共同体：在一个不确定的世界中寻找安全 [M].欧阳景根，译.南京：江苏
人民出版社，2003.

② 王易.深刻把握马克思主义基本原理同中华优秀传统文化相结合的理论意蕴 [J].
马克思主义研究，2023（7）：55-62，156.

③ 林坚.文化观：马克思的丰富遗产 [J].探索与争鸣，2008（3）：20-24.

考虑社会文明发展的角度运用了关于"文化"的概念，并指出文化与人类的发展息息相关，每一次文化上的进步都代表着迈向自由的一步。从唯物史观的视角看，文化是人类创造性的客观活动在社会历史实践中的体现，是世界历史的产物，是对无产阶级革命运动经验和人类文明成果的总结和概括，它深刻揭示了自然界、人类社会和人类思维发展的普遍规律。马克思主义能够在中国扎根、取得发展，并焕发生机，一个重要原因就是它与中华优秀传统文化的多方面契合，得到了中国人民的广泛接受和认同。深入研究马克思主义与中华优秀传统文化之间内在的联系和契合性，不仅能更好地解释为什么中国人民选择了马克思主义作为拯救民族危机的路径，还能在新时代促进马克思主义基本原理与中国的具体实际和中华优秀传统文化相融合。

马克思主义是一种将唯物论和辩证法统一在一起的科学理论，强调通过对客观世界的分析和对实践的认识来推动社会变革和人类进步，这与中华优秀传统文化中的朴素唯物辩证思想相契合。马克思主义的唯物辩证法鼓励人们通过观察、分析和实践来认识和改造世界。它强调了辩证思维、全面性和历史性的观点，即一切事物都处于不断变化和发展的过程中，并且相互影响。中华优秀传统文化中的朴素唯物辩证思想也强调了相似的观点，认为事物之间存在着相互联系和相互制约的关系，它们随着时间的推移而变化发展。这种共同点使得马克思主义与中华优秀传统文化在认识世界、理解人类历史和社会变革的努力中达成了共识。马克思主义与中华优秀传统文化具有内在的契合性，是因为它们在世界观和方法论上都强调了唯物主义和辩证法的重要性。这种契合性为人们更好地理解和应用马克思主义理论，同时充分发掘和传承中华优秀传统文化中的优秀思想打下了基础。传统文化在形成和发展过程中会受到当时人们的认知水平、时代条件和社会制度的限制和影响，人们应当分析马克思主义文化观点，从中汲取有益的智慧和精华，并进行创新，以适应现代社会的发展需求，推动文化的传承和创新。党的十八大以来，以习近平同志为核心的党中央在推进马克思主义中国化的过程中，对马克思主义与中国传统文化的结合进行了新阶段的认识和实践；强调了马克思主义基本原理与中国具体实际的紧密结合，与中华优秀传统文化相结合，并提出了对待民族传统文化的科学观点和方法论；阐述了中华优秀传统文化对于发展当代中国马克思主义的丰富滋养性，并强调传承和发展中华优秀传统文化对于建设中国特色社会主义事业的实践需求。马克思主义中国化本质上是将马克思主义与中华民族的民族精神融为一体，吸收和融合中华民族的民族精神，与中化优秀传统文化相结合，同时为中华民族的民族精神注入新的活力和内涵。只有当马克思主义的科学真理与中华民族的民族精神相互融合，马克思主义才能真正成为中华民族的灵魂，才能真正实现中国化的马克思主义。教育是人类文明传承和发展的重要手段，也是人类社会意识形态形成和社会进步实现的重要途径之一，它是人类社会持续前进的源泉和动力。马克思主义教育理论强调教育的社会性和历史性，认为教育是社会生产力发展的重要因素，它不仅影响个体的全面发展，还对社会的进步有着深远的影响，教育应该以促进人的全面发展和实现个体潜能为目标。马克思主义在教育的本质与作用、人的全面发展，以及教育与生产劳动的结合等方面的理论贡献，构成了马克思主义教育理论的精髓，为马克思主义教育理论的丰富发展提供了重要的思想基础。马克思主义教育理论的精髓为人们提供了指导教育实践的原则和方法，它强调了教育的社会性和历史性，呼吁培养具有创新精神、批判思维和社会责任感的公民。

马克思的思想政治教育理论强调了人的全面发展。人的全面发展理论作为马克思主义哲学关于人的学说的重要组成部分，强调了人的个体和社会的统一，认为人的发展不仅仅是在物质层面的获得，还包括了思想、认知、情感和道德等方面的全面提升。[①]思想政治教育应当以人

---

① 中共中央马克思恩格斯列宁斯大林著作编译局.马克思恩格斯全集：第十九卷 [M].
北京：人民教育出版社，1963：35.

的全面发展为目标，帮助个体全面发展自身潜能，培养其独立思考、批判能力和道德品质，使其成为有社会责任感和创新能力的公民。将马克思关于人的全面发展理论应用于思想政治教育实践中，需要准确理解和把握其核心概念和原则。这包括重视培养人的自主性和主体性，注重发展个体的创造力和批判思维能力，关注个体的身心健康和社会适应能力等。马克思也注意到了教育对社会变革的作用。通过教育可以培养人们的革命意识和集体主义精神，以推动社会的进步和革命的实现，对于无产阶级来说，思想政治教育是培养其阶级觉悟和革命意识的重要工具。马克思主义思想政治教育理论的核心是将教育与社会变革的目标结合在一起。通过培养人们的思想品质和社会责任感，教育能够成为塑造社会的力量。

马克思强调教育应该追求人的全面而自由的发展，教育应该为个体提供一个自由发展的环境，发挥其全面潜能。他认为人的思想意识是对占主导地位的经济关系在意识形态上的反映。① 在马克思看来，无论在任何情况下，每个人都应该享有自由发展的权利。马克思认识到人的存在是不能脱离社会关系的，人是社会关系的总和，也受到环境和教育的影响，同时马克思指出为了改变社会条件，又需要相应的教育制度，通过教育来实现个体的发展，但这种教育不能脱离社会关系的背景。② 教育制度的形式和内容应该与社会条件相适应，社会的发展和变革需要适应相应的教育制度，以引导和培养新一代的人才。教育应该具有社会改造的功能，通过教育来培养人们的思想觉悟和社会责任感，推动社会的进步和革命的实现。改变社会条件需要通过改变教育制度来实现，教育应该成为社会变革的有力工具。习近平总书记对马克思主义教育理论进

① 中共中央马克思恩格斯列宁斯大林著作编译局．马克思恩格斯文集：第五卷 [M]．北京：人民出版社，2009：200.

② 中共中央马克思恩格斯列宁斯大林著作编译局．马克思恩格斯全集：第二十三卷 [M]．北京：人民出版社，1972：530.

行了创新发展，多次强调教育是国之大计、党之大计，要体现以人民为中心的发展思想。他指出，促进人的全面发展应当成为发展的出发点和落脚点，深刻揭示教育对于国家和党的重要性，并强调立德树人是教育工作的根本任务，要努力构建促进人全面发展的育人环境。①

（三）习近平文化思想

习近平文化思想是在继承马克思主义文化思想和中华优秀传统文化的基础上，对马克思主义文化理论的进一步丰富和发展，是新时代党领导文化建设实践经验的理论总结，是推进文化自信自强、实现中华民族伟大复兴的强大精神力量。坚持和发展习近平文化思想能够推动中华优秀传统文化创造性转化和创新性发展，在实现建设社会主义文化强国的目标中进一步坚定文化自信。

中国是一个统一的多民族国家，拥有悠久的历史和灿烂的文化传统，几千年来，汉族和各少数民族共同创造了祖国的优秀文化，为中华民族整体文化作出了不可磨灭的贡献。中华民族文化是中国各民族文化相互交流、互动和互补的结果，是与自然界长期相互作用、相互依存的过程中产生的，在不同民族中沿袭和发展的稳定形态的文化。它是一个民族兴旺发达、繁衍生息的精神力量，也是凝聚中华民族自我认同的核心。习近平总书记指出，中国传统文化，尤其是作为核心的思想文化的形成和发展，经历了先秦诸子百家的争鸣、两汉经学兴盛、魏晋南北朝玄学流行、隋唐儒释道并立、宋明理学发展等历史时期。② 中华民族文化是中国统一的多民族国家所共有的宝贵财富。在漫长的历史进程中，

---

① 人民日报 . 坚持以人民为中心的发展思想 努力让人民过上更加美好生活：学习《习近平关于社会主义社会建设论述摘编》[EB/OL].（2017-10-11）[2024-06-01]. http://www.scio.gov.cn/31773/31774/31779/Document/1565687/1565687.htm.
② 习近平 . 在纪念孔子诞辰 2565 周年国际学术研讨会暨国际儒学联合会第五届会员大会开幕会上的讲话 [N]. 人民日报，2014-09-25（2）.

各民族之间在文化上相互渗透、影响、吸收和融合，凝聚了各民族的共同创造和积淀，形成了中华民族共同的文化基础，是中华民族的精神支柱。这宝贵的精神文化，经过长期的积累，渗透于人民的生活和思想之中，成为中华民族强大的凝聚力和生命力的来源。

习近平总书记高度重视弘扬、传承和发展中华优秀传统文化，指出中华优秀传统文化是中华民族的精神命脉，是推动中国特色社会主义事业发展的重要力量。[①] 从知青岁月到主政地方，再到党中央的工作中，习近平总书记进行了一系列关于传统文化的理论阐释和实践探索，积淀了扎实的理论基础和深厚的文化底蕴，提出了一系列关于中华优秀传统文化的重要思想，如坚持中华优秀传统文化在当代的价值与意义，强调通过传承、创新和发展，使传统文化与新时代的社会发展需求相契合。他还重视融合文化的力量，强调传统文化与现代科技、民俗习惯等的相互融合，推动中华文化的多元发展。习近平总书记的理论积淀和实践探索为中华优秀传统文化的创新发展提供了有力支撑。习近平总书记以其深厚的传统文化底蕴和理论功底，将中华优秀传统文化融入国家治理理论与实践，推进国家治理能力的现代化取得了丰硕的成果。在习近平总书记的一系列重要讲话中，他多次强调中华优秀传统文化的重要价值，并指出它是中华民族的精神之源，孕育了宝贵的精神品质。他强调，实现中华民族伟大复兴的宏伟目标，必须立足中华优秀传统文化的传承和发展。他强调发挥传统文化的引领作用，促进社会主义核心价值观的培育，推动文化体制改革，促进文化创新发展，并提倡继承中华文化的精华，推动中华文化在当代焕发新的活力和影响力。

习近平总书记在论述中华文化和各民族文化关系时强调，中华文化是主干，各民族文化是枝叶，根深干壮才能枝繁叶茂，各民族都有自己的传统文化，而中华文化是各民族文化的集大成，只有中华文化扎根深

---

① 习近平. 坚定文化自信，建设社会主义文化强国 [J]. 求是, 2019（12）: 4-12.

入，各民族文化才能繁茂发展，既承认了各民族文化的多元性，又强调了中华文化的一体性。①中华文化与各民族文化共存，中华文化认同与各民族文化认同并存，习近平总书记从实现中华民族伟大复兴的高度，强调通过铸牢中华民族共同体意识，推动党的民族工作高质量发展，提出了铸牢中华民族共同体意识的重要性，强调了文化认同的作用。②这一论述精辟地阐明了中华民族文化共同体的精神内涵。党的十九大以来，以习近平同志为核心的党中央尤其重视坚定与增进文化自信，特别强调中华优秀传统文化在文化自信中具有源泉性的意义和精神支撑作用。习近平总书记强调，"坚持道路自信、理论自信、制度自信，最根本的还有一个文化自信"③。其中，文化自信是更为基础、更为广泛、更为深厚的自信，推动中华文化的传承与创新，增强民族精神力量和凝聚力。要以中华优秀传统文化为根基，注重培育和弘扬中国特色社会主义核心价值观，推动社会主义文化繁荣发展。习近平总书记从五千年文明的长远历史角度阐述了文化自信的重要性，文化是社会实践的产物，中华优秀传统文化、革命文化和社会主义先进文化凝聚着全党、全国和全中华民族的精神力量和追求，只有通过加强文化自信，才能更好地塑造中国的形象，坚定自身的文化认同，推动国家和民族繁荣进步。④在党的二十大报告中提出，要推进文化自信和自强，铸就社会主义文化的新辉煌，强调通过铸牢中华民族共同体意识，加强和改进党的民族工作，推动党的民族工作高质量发展，实现中华民族共同体意识从自在到自觉

---

① 人民日报. 以铸牢中华民族共同体意识为主线推动新时代党的民族工作高质量发展 [EB/OL]. (2021-08-29) [2024-06-01]. http://dangshi.people.com.cn/n1/2021/0829/c436976-32211316.html.

② 习近平. 铸牢中华民族共同体意识推进新时代党的民族工作高质量发展 [N]. 人民日报, 2023-10-29 (1).

③ 人民日报. 习近平总书记同人大代表、政协委员共商国是纪实 [EB/OL]. (2014-03-13) [2024-06-01]. http://jhsjk.people.cn/article/24620609.

④ 习近平谈治国理政：第 4 卷 [M]. 北京：外文出版社，2022.

再到自强的发展。①

习近平总书记从当代马克思主义和 21 世纪马克思主义的角度，提出了"两个结合"的新论断，指出中华优秀传统文化是中华民族独特的精神财富，对于马克思主义中国化具有重要意义，要坚持将马克思主义基本原理与中国的具体实际结合起来，与中华优秀传统文化相结合。②这一论断在深刻反映了新时代中国共产党对中华优秀传统文化地位和作用的全新认识的同时，也为马克思主义中国化指明了新的方向、内涵和空间。习近平总书记关于铸牢中华民族共同体意识的论述，不仅具有丰富的历史和文化底蕴，还深度结合中国特色社会主义伟大事业实践，为推进中华民族伟大复兴提供了理论指导，体现了对马克思主义共同体思想的发展和丰富，为中国特色社会主义伟大事业的前进提供了重要理论支撑。在党的第十九次全国代表大会上，习近平总书记在报告中提出，全面贯彻党的民族政策，深化民族团结进步教育，铸牢中华民族共同体意识，加强各民族交往交流交融，促进各民族像石榴籽一样紧紧抱在一起，共同团结奋斗、共同繁荣发展。③因此，人们需要坚持从政治上把握民族关系，看待民族问题，不能仅仅把民族问题看成一种文化、宗教或社会习俗的差异，而应该充分认识到民族问题的本质是政治问题，涉及权力、资源、发展等，从政治上把握民族问题还要求深入理解和发展各民族的历史、文化和传统，加强民族团结进步和社会共同发展，实现民族和谐、共同繁荣。④从中华民族历史发展来看，我国是一个多民族

---

① 高举中国特色社会主义伟大旗帜 为全面建设社会主义现代化国家而团结奋斗 [N].
人民日报，2022-10-17（2）.
② 习近平 . 在文化传承发展座谈会上的讲话 [J]. 求是，2023（17）：4-11.
③ 习近平 . 决胜全面建成小康社会 夺取新时代中国特色社会主义伟大胜利 [EB/OL].
（2017-10-27）[2024-06-01]. http://jhsjk.people.cn/article/29613458.
④ 中共中央关于党的百年奋斗重大成就和历史经验的决议 [M]. 北京：人民出版社，
2021.

的国家；从现实维度来看，我国是一个统一的多民族国家。各民族人民风雨同舟、荣辱与共，在交往交流交融中形成了命运共同体，中华民族的命运与各民族的命运紧密相连。① 中华民族共同体的概念提高了我国各民族关系的层次，不仅注重各民族的共同发展与共享，还强调共同的价值追求与文化认同。因此，人们需要正确理解中华民族共同体意识与各民族意识的关系，以及共同性与差异性的关系，把铸牢中华民族共同体意识作为重要目标。要正确把握中华民族共同体意识与各民族意识的关系，即在强调中华民族整体的同时，也要尊重和保护各个民族的独立性和多样性。多元是民族工作和族际关系治理的基本出发点，多元是我国发展的核心动力。② 同时，人们要明确"一体"的含义，即各民族休戚与共、不可分离。统一是主流和主线，而多元是动力和要素。只有坚持统一的同时尊重多样性，才能推进各民族共同发展、实现民族团结和谐，为我国的繁荣和进步作出更大贡献。

---

① 中共中央文献研究室 . 习近平关于社会主义政治建设论述摘编 [M]. 北京：中央文献出版社，2017：147.
② 中共中央文献研究室 . 习近平关于社会主义政治建设论述摘编 [M]. 北京：中央文献出版社，2017：147.

第二章
壮族优秀传统文化融入
大学生铸牢中华民族共同体
意识的发展逻辑

本章主要探析了中华民族共同体意识的培育和发展；从记忆认同、情感认知和行为表达三个维度，研究和梳理了壮族优秀传统文化与铸牢大学生中华民族共同体意识之间的逻辑发展，有助于理解壮族优秀传统文化与大学生铸牢中华民族共同体意识之间的逻辑关系；阐释了壮族优秀传统文化融入大学生铸牢中华民族共同体意识的价值意义。

一、中华民族共同体意识的培育与发展

（一）中华民族共同体意识的培育

习近平总书记在十九大报告中指出，深化民族团结进步教育，铸牢中华民族共同体意识，加强各民族交往交流交融，促进各民族像石榴籽一样紧紧抱在一起，共同团结奋斗、共同繁荣发展。中华民族共同体意识是各族人民对"中华民族"这个共同实体的认同和反映，在中华民族历史长河中发挥着重要作用。它集中体现了各族人民休戚与共、共同团结的理念，是激发中华民族凝聚力，维系中华民族团结统一的强大精神纽带，也是推动中华民族发展进步的强大精神动力。它基于中华民族一些共同特征，以"共同地域"特点为核心，以共同发展为目标，以文化信仰为纽带，促成了多元一体的社会生活形态。这种共同体意识是通过共同的历史记忆建立起来的文化联系，使中华民族形成了紧密的文化共同体。

在漫长的历史进程中，中华民族共同体意识不断发展聚力，不同地区、不同民族的人们通过文化交流和融合，形成了集体意识和共同价值观念。这种集体意识强调中华民族的团结和统一，使得人们能够共同面对挑战，共同追求发展和进步。

要想有效培育大学生的中华民族共同体意识，就必须充分重视生活指导实践，必须从认知、观念和行为等方面着手。同时，积极对大学生进行有针对性、有计划的教育，提高其对民族共同体的认同感，使其在意识形态层面传承共同体意识，发扬中华优秀传统文化，构筑民族共有的精神家园，增强民族自豪感和责任感。中华民族共同体意识培育可以总结为两个方面，分别是身份意识培育和归属意识培育，两者缺一不可。通过身份意识培育和归属意识培育，使大学生建立起文化和情感上的民族身份认同，拥有较强的情感共振，打下良好的民族共同心理基础。

大学生中华民族共同体意识培育即通过有计划、有针对性的思想政治教育，系统地传授中华民族的历史、文化、价值观等内容，增强大学生对中华民族共同体的认同。在当前时代背景下，深入实施大学生中华民族共同体意识培育工作，需要重点思考"想要培育什么"，聚焦在"培育的核心方向"上，提出"如何进一步加强培育"的路径等，同时要结合新时代大学生成长成才特点。这既是拓展理论研究的内在需要，是牢固树立历史自信、不断推进新时代思想政治工作实践创新的迫切要求。人的某种思想意识或思维方式的构建是一个长时期认知积累和认同发展的过程。中华民族共同体意识由"中国认知体验、中国价值信念和中国行为意愿"三个要素关联共存而成，而对"中华民族"共同身份、共同归属的体认涉及主体的认知概念、情感、意志、态度、行为倾向和实践。[①] 将壮族优秀传统文化融入中华民族共同体意识培育，对于打造中华民族共同体具有重要意义。壮族优秀文化丰富多彩，深厚广博，大学生可以通过汲取壮族优秀传统文化中的价值观等，更好地认知中华民

---

① 青觉，徐欣顺.中华民族共同体意识：概念内涵、要素分析与实践逻辑[J].民族研究，2018（6）：1-14，123.

族的共同情感和价值追求①，增强对中华民族共同体的认同感和责任意识。这对铸牢中华民族共同体意识具有不可替代的作用。

（二）中华民族共同体意识的发展

习近平总书记指出："一部中国史，就是一部各民族交融汇聚成多元一体中华民族的历史，就是各民族共同缔造、发展、巩固统一的伟大祖国的历史。"②在漫长的历史进程中，各个民族相互融合、交流，在发展中共同创造了璀璨的中华文明，勾勒出了中华民族共同体意识形成的历史脉络，这种共同创造过程中的文化传承和交流，为中华民族共同体意识的形成奠定了基础。考古学家夏鼐在《新中国的考古学》文中最早提出"中华民族共同体"一词，他指出，在中华文明发展过程中，各民族的祖先与汉族的祖先建立起了日益紧密的联系，通过交流、融合和共同创造，逐渐形成了中华民族共同体的概念。③夏鼐的研究为理解中华民族共同体的形成和发展提供了重要参考，这一概念在后来的学术研究和社会实践中得到广泛应用，成为加强中华民族团结、维护国家统一的重要理论基础。

经过漫长的历史演变和社会发展，在不断交流和交往中，各民族逐渐形成了"你中有我，我中有你"的多民族融合格局。两千多年来，各民族在文化上相互包容，经济上相互依存，情感上亲密无间。随着时间的推移和文化的交流融合，各民族之间开始产生共同的认同和价值观，中华民族经历了从多元到一体的发展过程，同时中华民族共同体意识

---

① 徐玉特.嵌入与共生：民族传统节庆文化创造性转化的内生逻辑：基于广西DX县陇峒节的考察[J].中南民族大学学报（人文社会科学版），2021，41（12）：65-73.

② 李国强.铸牢中华民族共同体意识的历史逻辑[J].思想战线，2022，48（5）：18-26.

③ 夏鼐.新中国的考古学[J].考古，1962（9）：453-458.

也慢慢开始萌芽。近代以来，中国先后经历了辛亥革命、"五四运动"、新文化运动等，而马克思主义的传播对中华民族共同体的认识和发展产生了较大的影响，对中华民族共同体意识发展产生了积极且深远的作用。辛亥革命是中国近代史上一次反帝反封建的资产阶级民主革命，不仅代表了中华民族的觉醒和寻求自我解放的渴望，还唤醒了大学生群体对中华民族共同体的认知。随后，"五四运动"和新文化运动的爆发，更进一步激发了大学生的民族自豪感，提升了大学生的民族精神，推动了中国思想文化的复兴，也促进了中华民族共同体意识的发展。中华人民共和国的成立彻底结束了旧中国四分五裂的局面，中国以国家的形式真正实现了中华民族的大一统。在中华人民共和国成立初期，第一届全国人民代表大会将"民族区域自治制度"作为一项基本政治制度写入了宪法，进一步维护了民族团结和民族和谐。在社会主义建设和改革开放时期，全国各族人民意识到了共同发展与统一的重要性，并以自觉的态度将中华民族共同体意识融入工作和生活，共同努力在经济、文化、科技等方面取得了伟大成就，共同追求中华民族的繁荣和进步。中华民族共同体意识在新时代中得到了全面阐述和体现，只有团结一心、共同奋斗，中华民族才能实现长远的发展和进步。以中华民族共同体意识为引领，中国不断追求民族振兴和社会主义现代化，进一步推动了中华民族共同体意识的全面深入发展。尽管时代不断变化，世界格局持续演变，中华民族始终坚守着共同的核心价值观和传统文化传承，中华民族共同体意识也在不断发展。不断挖掘壮族优秀传统文化的时代价值，弘扬中华民族的优秀传统文化，强化中华民族共同体意识，有助于形成民族认同、凝聚民族力量，推动全民族团结奋斗，实现中华民族伟大复兴。

二、壮族优秀传统文化与大学生铸牢中华民族共同体意识的逻辑关联

要想实现中华民族大团结，最长远且根本的途径就是要增强文化认同，建设各民族共有精神家园，并积极培育中华民族共同体意识。[①]中华民族是由众多民族组成的大家庭，中华民族共同体是指具有历史文化联系、稳定的经济活动特征和心理素质的民族综合体。壮族优秀传统文化作为中华民族优秀传统文化的一部分，在新时代中华民族共同体意识的培育中具有重要的作用。

（一）文化符号的表征促进铸牢中华民族共同体意识的记忆认同

文化是人类的本质活动的对象化，是民族的血脉，是各族人民的精神家园。文化符号是一个民族在历史发展过程中所形成的有特殊意义的文化象征标识，具有重要的载体意义。中华民族共同体的形成和传承，是中华民族精神与物质生产实践长期互动的结果。那些世代相传的具有民族特色的文化符号，都是中华优秀传统文化历史的结晶，也是中华民族血脉中的共同记忆。[②]共享文化符号可在文化融合层面强化大学生铸牢中华民族共同体意识的自觉性，进一步深化大学生文化认同，有效促进大学生中华民族共同体自觉。

[①] 中央民族工作会议暨国务院第六次全国民族团结进步表彰大会在北京举行 [J]. 实践（思想理论版），2015（1）：5-9.

[②] 韩美群 . 新时代传承与发展中华优秀传统文化的方法论探析 [J]. 马克思主义与现实，2020（5）：97-102.

　　国家的建设和发展往往伴随着民族文化符号的产生和构建，而各民族成员认同和共享的传统文化符号是激活集体记忆、构建民族共同体的重要载体。所谓文化符号，就是用来传达思想、传递意义、承载记忆、激发情感的一系列代码。壮族优秀传统文化有一个相对稳定的文化象征意义体系，包含着壮族共同的情感诉求、价值追求和心理特征，对培育大学生的中华民族共同体意识具有重要意义。具体而言，壮族优秀传统文化符号作为一种具有共同意义的符号，可以促使大学生追求对国家和民族的归属感、对中华民族共同体的认同感、对中华民族身份的自豪感。

　　壮族优秀传统文化的符号，是中华民族共同文化基因中的重要组成，具有悠久的历史渊源和丰富的文化内涵，其价值和意义无法替代。从历史发展的角度来看，壮族优秀传统文化符号是源远流长的，具有多样性和包容性。以壮族民间音乐为例，其曲调优美、生动，引人入胜，展现出了壮族人民淳朴、豁达的性格品质和民族精神，具有典型的文化符号象征，能够在不同民族之间建立起共有的价值观和精神纽带。壮族优秀传统文化融入大学生铸牢中华民族共同体意识的培育，让各民族在精神上获得归属感和认同感。一方面是要加强壮族优秀传统文化符号的传承，包括传统节日、历史文化遗产、民间艺术等文化符号象征。另一方面是要实现创新，注重挖掘壮族优秀传统文化中的思想智慧，既要让其在新时代焕发新的生命力，又要注重与时俱进，将传统文化与现代技术相结合，以更方便、更快捷的方式进行传播。^①历史起源、神话故事、戏剧表演、传统节日等蕴含的文化符号可以唤醒大学生集体记忆的感性表达，使他们了解彼此之间的共同经历、经历和感受，形成对中华民族共同体的历史认识，建立普遍的情感认同，以便更好地增强民族自信心和文化自觉性，共同创造更加美好的未来。

---

① 张斌，李星玥，杨千.档案学视域下的数字记忆研究：历史脉络，研究取向与发展进路 [J].档案学研究，2023（1）：18-24.

（二）精神文化的需求增强铸牢中华民族共同体意识的情感认知

民族精神是一个民族赖以生存和发展的精神力量和支撑，是民族文化自觉的产物。精神共同体是各种共同体的结合，是民族情感认同最基本、最稳定、最核心的内容，可以被理解为人真正的最高形式的共同体。①身份认同和情感认知体系反映了人们对中华民族共同体的归属与认同程度，文化归属感则是中华民族共同体意识的一个重要价值指标。壮族优秀传统文化是少数民族成员在共同生活实践基础上形成的精神文化和价值体系，它超越了多个民族的界限，强调整个民族的共同价值观、历史记忆和文化认同，具有塑造民族性格、增强民族凝聚力和增强民族精神的育人功能，有助于个体身份认同的建立，也是共同体意识培育的重要载体。

壮族优秀传统文化在中华优秀传统文化中占据着非常重要的地位，其精神价值和历史意义无法替代。新时代，将壮族优秀传统文化融入大学生铸牢中华民族共同体意识，增强人们的中华文化认同，是实践育人的现实需求。壮族优秀传统文化具有悠久的历史和丰富的精神文化内涵。从历史发展的角度来看，壮族文化是源远流长的，多样性和包容性很强，能够满足人们的精神文化需求。通过深入学习和深刻认识民族的传统文化、历史和精神价值，人们可以更深入地认识和了解国家和民族，理解壮族文化与当代社会的联系与发展，同时增强民族自信心与归属感。壮族优秀传统文化精神与历史相吻合、与时代相融，其蕴含的革命精神和优良传统是在不断实践中锤炼出来的，具有深刻的精神文化价值和意义。这些文化传统和精神价值与中华民族共同体特征的思想内涵

---

① 邹广文.论中华民族共同体的文化叙事结构[J].哲学研究，2021（11）：5-13，
127.

相互呼应、融合和互通，因此其精髓和内涵都需要被挖掘，以充实大学生的精神文化需求，提高大学生的文化自信和认同感。大学生通过学习和传承壮族优秀传统文化精神，除了可以更好地传承和发扬中华优秀传统文化，还能促进各民族之间的相互理解和交流，增强民族自信心和文化自觉性，加深彼此之间的尊重和认同，进一步提升中华民族共同体意识的培育实效。

（三）传统文化的延续巩固铸牢中华民族共同体意识的行为表达

铸牢中华民族共同体意识是中华民族伟大复兴的必然要求，而传统文化是中华民族共同体意识培育过程中的内驱动力，要着力做好优秀传统文化有关创新发展、教育传播、科学研究、遗产保护等工作，夯实中华民族共同思想基础。

壮族优秀传统文化是中华优秀传统文化宝库中不可缺少的重要组成部分，是大学生中华民族共同体意识培育过程中的重要组成部分。要充分挖掘吸收中华优秀传统文化特有的话语精华、道德资源和知识元素，以及背后所包含的深厚内涵，更好地构建民族特色话语体系，同时基于马克思主义立场、观点和方法加以创新、转化和融入，使其与大学生中华民族共同体意识培育相融通，延续和传承铸牢中华民族共同体意识的话语体系。①

壮族优秀传统文化与中华文化之间有着内在的联系，且相互影响，中华文化的独特性和多元性能够为壮族优秀传统文化提供新的发展动力和创新路径。同时，崇尚优秀传统文化，弘扬优秀民族文化，可以提高大学生的文化素质和人文修养，也更有利于发扬优秀传统文化，巩固中

---

① 王炳林，李盖启．马克思主义同中华优秀传统文化相结合的时代价值 [J]．教学与研究，2021（11）：22-29.

华民族共同体意识培育成果。加强对大学生的壮族优秀传统文化教育工作，深入挖掘壮族优秀传统文化的思想精髓，可使壮族优秀传统文化的真理和价值得到更好的延续和发展。这样不仅有助于保证文化传承的连续性，还有助于保持文化进步与时代的连续性，从而激活壮族优秀传统文化的生命力，加强大学生对民族文化的理性认同，使他们深入了解中华民族历史、文化和价值，为共同体意识培育创造良好的文化环境。

人们需要以历史的、发展的眼光看问题，做好壮族优秀传统文化挖掘工作。壮族优秀传统文化既包括语言、文字、风俗习惯，又包括民间艺术、音乐舞蹈等，这些文化在历史长河中得以传承，且仍然活跃于壮族人民之间。基于大学生铸牢中华民族共同体意识的现实情况，可提出一系列可行的措施，如打造壮族优秀传统文化第二课堂、张贴或悬挂民族团结标语、陈列壮族特色物品、制作壮族优秀文化墙绘、建设壮族民俗文化长廊（博物馆）等，以进一步营造有利于高校中华民族共同体意识培育的行为表达环境氛围。实际措施也可包括加强传统文化教育、搭建文化交流平台、发挥媒体宣传作用等。这些举措的综合运用可为不同民族的学生提供交往和交流的平台，使他们深入了解壮族优秀传统文化的内涵和价值，全面推进壮族优秀传统文化的传承和发展，进而有利于培养大学生中华民族共同体意识。

三、壮族优秀传统文化融入大学生铸牢中华民族共同体意识的价值意义

壮族这一少数民族历史悠久，拥有特色鲜明的传统文化，倡导包容、崇尚和谐等。中华优秀传统文化是厚植社会主义核心价值观的丰厚滋养，而壮族优秀传统文化能够为大学生铸牢中华民族共同体意识提供丰富的营养和动力源泉，进而培养新时代所需的优秀青年人才。因

此，将壮族优秀传统文化融入大学生铸牢中华民族共同体意识，在新时代民族团结进步教育中具有十分重要的现实意义和理论价值。

（一）有助于大学生中华民族共同体意识的培育

随着中国式现代化进程的不断深入，各民族优秀传统文化传承在大学生中华民族共同体意识培育中的作用更为突出，成为大力推进大学生民族团结进步教育，凝聚各民族青年实现中华民族伟大复兴的有效途径。人们应该不断探索和创新育人方法路径，将壮族优秀传统文化融入育人全程，并通过丰富的教育手段，更深入地挖掘壮族优秀传统文化的内涵与价值，铸牢大学生中华民族共同体意识。[①]

广西地处我国西南部，属于壮族这一少数民族的聚集地区。壮族优秀传统文化中蕴藏着丰富的德育资源，因此把壮族优秀传统文化融入中华民族共同体意识培育实践，是加强广西大学生思想政治教育的有力保障和重要抓手。在广西学习和生活的大学生，广西籍贯占据大部分，他们从小就受到壮族优秀传统文化的熏陶和影响，本身对壮族优秀传统文化具有很特殊的情感。非广西籍大学生，因为在广西这片土地上求学和生活，所以会潜移默化地受到社会环境和身边同学的影响，不断感受和体会各民族之间不同的民族特色和民族风俗，不断加深对壮族优秀传统文化的认知。这也是一种多民族文化交融、增强中华民族共同体意识的途径。

将壮族优秀传统文化融入大学生的意识形态建设中，一方面有助于传承和弘扬广西的多元文化遗产，另一方面能够增强大学生的民族自豪感和认同感，有助于大学生世界观、人生观和价值观的形成，更有助于增强其中华民族共同体意识。

---

① 李庚香. 复兴论：实践新时代中华民族伟大复兴的中国逻辑 [J]. 河南社会科学，2021，29（1）：1-9.

因此，将壮族优秀传统文化融入铸牢大学生中华民族共同体意识，进一步丰富和拓展培育内容，具有重要的时代意义和精神价值。人们要通过教育和文化活动的手段，使大学生深入了解和体验壮族文化，培养他们的文化自信心，推动和谐民族关系发展，从而有助于他们更好地认识和理解中华民族共同价值观。

（二）有助于传承创新和发展壮族优秀传统文化

广西壮族自治区是我国多民族聚居地区之一，历史悠久、文化源远流长，少数民族中又以壮族为主。壮族优秀传统文化是中华民族的瑰宝，蕴藏着丰富的历史、艺术和哲学思想，是一个充满生机和多元文明的宝库。随着时代的变迁，现代化进程加快，壮族优秀传统文化在传承中不断发展和创新。[①] 挖掘壮族文化的时代价值，并将其融入大学生铸牢中华民族共同体意识培育全过程，是传承和发展壮族优秀传统文化，不断增强大学生文化自信，加强中华民族共同体意识培育实践的重要环节。

在传承壮族优秀传统文化过程中，人们可以更深入地理解历史、体会人文精神，增强中华民族文化自豪感。[②] 优秀传统文化是坚定文化自信的根源和基础，对于铸牢大学生中华民族共同体意识有着重要价值。广西大学生是广西实现中国式现代化的生力军和中坚力量，因此可通过传承壮族优秀传统文化加深大学生对中华优秀传统文化的认识，将壮族优秀传统文化内化为大学生的思想行为和精神品质，促使他们更加坚定维护祖国统一和民族团结的历史使命。因此，将壮族优秀传统文化融入大学生民族共同体意识培育过程，是传承和发展壮族优秀传统的重要手

[①]　崔立颖.中华优秀传统文化在高校人才培养中的价值：评《中国传统文化的特质》[J].中国教育学刊，2021（8）：125.

[②]　金刚.以优秀传统文化推动铸牢中华民族共同体意识：基于焕发儒家文化生命力的分析视角 [J].中南民族大学学报（人文社会科学版），2021，41（9）：11-19.

段，有助于将壮族优秀传统文化深厚的精神内涵内化为大学生的外部实践能力。

要想使一种文化得到良好的传承，先要对此种文化进行改造，对其进行创造性转化，促进其创新性发展，并将自觉行为个体当做重要载体。创新是指在传承的基础上，通过接纳外来的文化，对壮族优秀传统文化进行弘扬和延续。只有加强与现代社会的交流，优秀的传统文化才能得到更好的传承。壮族优秀传统文化是壮族人民在长期发展中形成的智慧结晶，具有丰富的民族文化育人内涵和道德教育价值。随着社会的发展，壮族优秀传统文化也在不断地变化与发展，只有通过创新，壮族优秀传统文化才能不断地与时俱进，焕发新的生命力。发展是指以现代人的需要为出发点，在保持传统文化精髓的基础上，进一步发展和推广壮族优秀传统文化。发展有助于壮族优秀传统文化更快地与社会文化欣赏和审美习惯相结合，使更多的人能够接受这一文化，并使之在更广泛的范围内传承和发展。

（三）有助于维护民族地区社会稳定和民族团结

稳定的社会环境和团结和谐的民族关系是国家持续发展强大的根本保证。进入新时代，民族地区的稳定、繁荣和发展对于推进中国式现代化建设显得尤为重要。我国是一个统一的多民族国家，壮族是我国民族大家庭中的重要成员，壮族优秀传统文化是宝贵的文化育人资源，将壮族优秀传统文化融入大学生铸牢中华民族共同体意识培育实践，有助于激发大学生的爱国情怀和社会责任感，增强大学生的民族自豪感和认同感，进一步维护民族团结和社会稳定。

中华民族共同体意识汇聚了包含壮族优秀传统文化在内的中华民族文化精神和中华民族整体价值共识。大学生是国家未来发展的支柱，是进一步促进民族地区稳定、繁荣和发展的重要保障。广西大学生是广西未来发展的生力军，其在维护社会稳定、促进民族团结等方面发挥着至关重要的作用，需要具备民族复兴的责任感和使命感，肩负重大的历史责任。因此，将壮族优秀传统文化融入大学生铸牢中华民族共同体意识培育过程，增强大学生对多元一体的中华文化的认同，对于边疆民族地区民族团结与社会稳定具有十分重要的现实意义。

第三章
壮族优秀传统文化融入大学生铸牢中华民族共同体意识的实证分析

笔者以壮族优秀传统文化融入大学生铸牢中华民族共同体意识培育情况为出发点组织了大量的调研工作，范围主要定位在广西区域内，同时根据研究课题的总体需要，综合运用了问卷法、案例调查等方法。在文献资料查阅分析的基础上，针对性走访了有关部门，调研壮族优秀传统文化传播以及大学生铸牢中华民族共同体意识情况，同时以发放问卷等调研方式了解和掌握大学生中华民族共同体意识培育基本情况、主要做法、存在问题、建议与意见等第一手资料。通过访谈法对壮族地区民族传统文化传承和教育活动进行调研，为分析总结壮族优秀传统文化大学生融入大学生铸牢中华民族共同体意识的实践情况及主要问题打下了基础。

一、问卷调查情况

（一）调研的思路与框架

人的本质是具体的、历史的，无法剥离其所处的世界，同时社会是发展的，因此大学生中华民族共同体意识培育势必深受历史文化传承及经济社会发展的影响。作为中华文化组成的壮族优秀传统文化拥有独特的民族符号以及精神内核，因此将壮族优秀传统文化融入大学生铸牢中华民族共同体意识中，离不开社会、学校、家庭等多方协作。这些因素相互影响、相互促进，共同营造良好教育环境，有助于增强大学生中华民族共同体认知，以及有关中华优秀传统文化价值的情感表达等。壮族优秀传统文化融入大学生铸牢中华民族共同体意识的简易模型如图3-1所示。

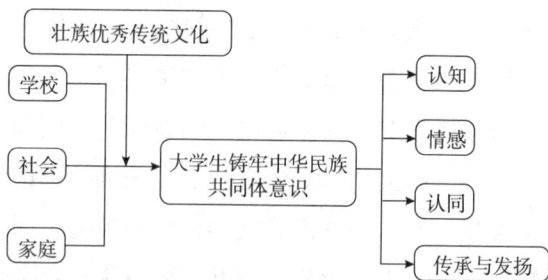

图 3-1 壮族优秀传统文化融入大学生铸牢中华民族共同体意识的简易模型

（二）问卷的设计

根据构建的理论模型，结合相关文献查阅情况，设计问卷《壮族优秀传统文化融入大学生铸牢中华民族共同体意识培育调查问卷》（附录1）对现状进行调查研究。问卷由问卷前说明、题目和问题选项等三个部分组成，根据研究需要设置问题选项，有利于受访者充分了解问卷核心内容，提升问卷有效性。问卷获取了填写者个人基本资料，为后期基于基本信息进行交叉分析以及差异性分析做准备。问卷主要内容从"文化教育""思想认知""自觉行动"等三个角度来设计，其中考察维度和具体指标内容下图所示 3-2。

社会教育
社会对壮族优秀传统文化的保护、传承；壮族优秀传统文化滋养的文艺作品及其对壮族优秀传统文化的宣传；场地对壮族优秀传统文化的传承活动；对社会教育的满意度；等等

学校教育
学校开设壮族优秀传统文化的相关课程或专业；学校开设的壮族优秀传统文化活动；学校教育内容的设计与实现生活的联系程度；对学校教育的满意度；等等

家庭教育
家庭成员针对壮族优秀传统文化进行的言传身教；对家庭教育的满意度

自我认知
对壮族优秀传统文化蕴含的爱国主义思想、社会公德观、家庭道德观、生态伦理观、优秀道德品质等人生观、道德观、价值观等的认知；对社会主义核心价值观作用的认知；对民族观的认知；对中华民族共同体意识的认知

自我情感
对壮族优秀传统文化的兴趣与学习意愿；认识到壮族优秀传统文化的思想道德价值；具有学习的积极性、主动性；具有强烈的认知、情感、行为意识等；民族自豪感与文化自觉、文化自信；传承与弘扬壮族优秀传统文化意愿；对待其他民族文化的态度；等等

自我认同
对壮族优秀传统文化的认同；对国家民族观的认同；对中华民族共同体意识的认同

行动选择
拥护党的领导，坚定"四个自信"；能做到"五个认同"；支持民族区域自治制度；倡导与践行民族团结和社会稳定；积极践行"金山银山"的生态理念；为"建设壮美广西、共圆复兴梦想"贡献力量；等等

壮族优秀传统文化融入大学生中华民族共同体意识培育 —— 文化教育、思想认识、自觉行动

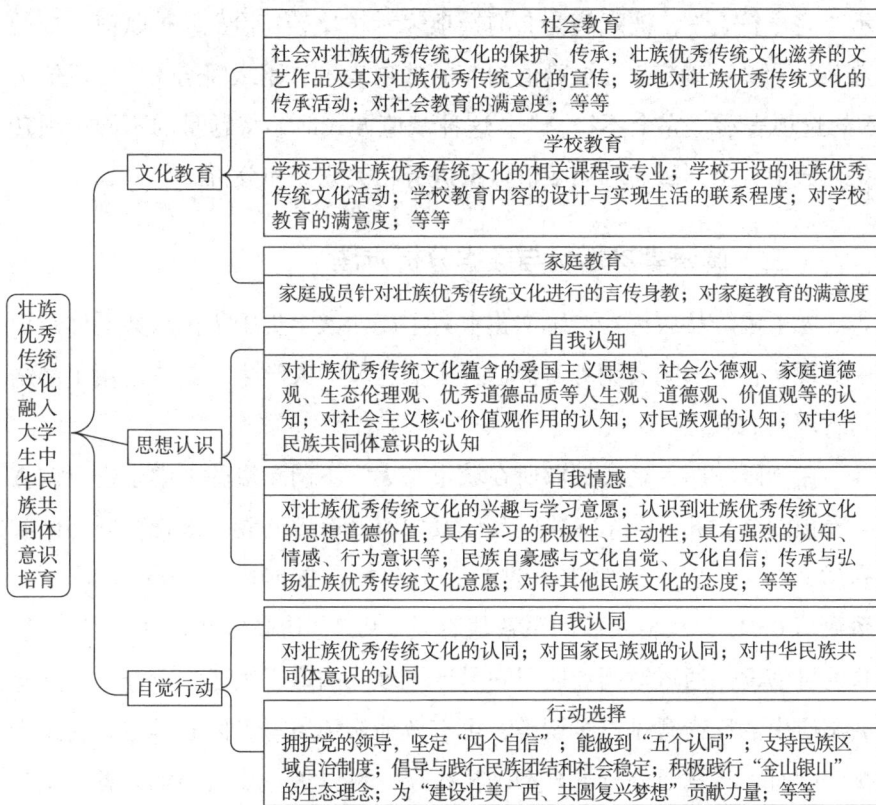

图 3-2　问卷设计思维导图

在这份问卷中，笔者采用了调研中常用到的李克特量表，综合各项指标来进行测评。李克特量表是一种评分加总式测量工具，受访者根据自己的主观认识或者客观认知来选择问卷指标认同，并对认同程度进行评判。通过对这些评判结果进行统计分析，可以得出对各项指标的测量结果，从而更好地了解受测者的态度、观点或行为。李克特量表的使用能够提供相对可靠的量化数据，帮助研究者获取对受测者认同程度的客观评估。问卷题目的选项设置了"完全符合""比较符合""不确定""不太符合""完全不符合"等。为了方便数据分析和处理，在数据录入过程中使用了 SPSS25.0 软件进行赋值。具体而言，被赋值为 1 的选项表

示"完全符合"，被赋值为 2 的选项表示"比较符合"，被赋值为 3 的选项表示"不确定"，被赋值为 4 的选项表示"不太符合"，被赋值为 5 的选项表示"完全不符合"。这种赋值方式能够将题目的不同选项转化为数字表示，最后利用赋值数据进行相关统计和分析。[①]

（三）调研基本情况与数据分析方法

为了调研壮族优秀传统文化在铸牢广西大学生中华民族共同体意识中的现状，本次问卷调查对象选择了该区域的大学生，具体采用了网络问卷调查的方式。

在调研前期，笔者抽取所在城市某大学不同年级的大学生进行调查问卷预测试，共发放 137 份问卷，其中收回有效问卷 128 份，问卷回收率达 93.4%。通过 SPSS25.0 进行赋值分析，数据样本 Cronbach's α 系数值 0.913，从转换后的系数值看是 0.927，均高于 0.7，问卷具有较高的可信度。通过对问卷题目中易产生歧义的语言表述进行修改，并根据调研中的反馈意见进行调整，可有效地避免填写者因心理定式受到干扰。同时，将题目进行混合和随机排序，可以进一步削弱填写者的主观偏好和判断，提高问卷的客观性和可信度。调查问卷包含 13 道基础信息题和 40 道正式题，可以提供丰富的信息来满足研究目的。基础信息题可以用来收集被调查者的基本背景信息，如性别、年龄、教育程度等，这些信息有助于对研究结果的分析和解读。正式题目提供了更详细和深入的调查内容，可以获取被调查者的观点、看法、经验等。通过将题目进行混合和随机排序，有助于削弱填写者对整个问卷的预期和主观偏好，使得他们在填写过程中更加客观和真实地回答问题。这样的设计还可以防止填写者由于疲劳或马虎等在最后几个问题上回答质量下降。

---

① 王秀民，冯瑛."三全育人"视域下铸牢民族高校大学生中华民族共同体意识 [J]. 民族学刊，2023，14（6）：44-50，14.

本次问卷调查抽样选取的范围主要是广西大学、桂林理工大学、广西民族大学等12所高校，以广西区内高校为主题，能够更好地反映受访地区大学生群体的特点和态度。通过选取不同类型的高校，可以获得更多元化的数据和观点。不同学校的学生可能受到不同教育背景、地域文化和社会环境的影响，因此调查结果将更具代表性。调研共发放网络问卷2 005份，收回有效问卷1 855份，问卷回收率为92.5%（表3-1）。受访者的构成上，汉族学生占67.5%，少数民族学生占32.5%，受访者的构成符合研究范围和目的，展现了一定的样本多元性。从受访者的学年分布来看，大一的学生占18.0%，大二的学生占19.1%，大三的学生占20.8%，大四的学生占6.8%，硕士研究生占15.9%，博士研究生占4.2%（表4-2），大三学生数量最多，这种分布也为研究提供了不同学年层次的数据观察点。关于政治面貌等方面的数据也为研究提供了深入分析的线索，大部分为共青团员，占比57.2%，党员和预备党员占比16.6%。综上，此次问卷调查研究对象的数量、构成均符合本书中研究的需要，为研究提供了有力支撑。

表3-1　大学生问卷调查回收统计表

序号	学校名称	填写问卷数	有效问卷数
1	广西大学	223	215
2	广西师范大学	172	166
3	桂林理工大学	346	337
4	广西民族大学	263	250
5	桂林电子科技大学	157	146
6	桂林医学院	123	107
7	广西医科大学	110	93
8	南宁师范大学	107	98

续　表

序号	学校名称	填写问卷数	有效问卷数
9	广西科技大学	127	110
10	广西财经学院	125	107
11	广西艺术学院	143	132
12	桂林旅游学院	109	94

表 3-2　被调查大学生基本信息描述性统计

属性	类别	人数	百分比
性别	男	1 059	57.1%
	女	796	42.9%
民族	汉族	1 253	67.5%
	少数民族	602	32.5%
地区	民族地区	1 627	87.7%
	非民族地区	228	12.3%
学历	专科	98	5.3%
	大一	334	18.0%
	大二	354	19.1%
	大三	385	20.8%
	大四	312	16.8%
	硕士研究生	295	15.9%
	博士研究生	77	4.2%

续　表

属性	类别	人数	百分比
政治面貌	中共党员（预备党员）	307	16.6%
	共青团员	1061	57.2%
	民主党派	5	0.3%
	群众	482	26.0%

为了检测正式问卷的信度，笔者使用了 Cronbach's α 方法对样本数据进行可靠性检测。检测结果如表 3-3 与表 3-4 所示。

表 3-3　调查问卷数据信息

个案处理汇总			
		个案数	%
个案	有效	1855	100.0
	已排除 [a]	0	.0
	总计	1855	100.0
a. 在此程序中基于所有变量的列表方式删除			

表 3-4　调查问卷数据的可靠性检验

Cronbach's Alpha	基于标准化的 Cronbach's Alpha	项数
.914	.924	32

内部一致性信度用于评估量表中各项之间的一致性或稳定性，是一种常用的度量量表可靠性的方法。Cronbach's α 系数是衡量内部一致性的常用指标，其取值范围为 0 ～ 1。Cronbach's α 系数大于等于 0.7 被认为是可以接受的，大于等于 0.9 表明量表的信度较好。通过上表数据可知，本预测问卷的 Cronbach's α 可靠性系数为 0.914，转换后为

0.924，有较高的可行度，结果表明问卷可靠性较为理想。

二、壮族优秀传统文化融入大学生铸牢中华民族共同体意识的典型案例

（一）以广西田东地区壮族曲艺"唐皇"为例

壮族曲艺"唐皇"从宋朝开始，是广泛流传于广西田东、田阳等地区的一种壮族说唱艺术形式，其早期内容多以唐朝时期中原王朝历史故事为主，因此被称为"唱唐皇"（壮语为 ciensa dangz vangz）。[①]

1.壮族曲艺"唐皇"的渊源

壮族"唐皇"是一种古老而流传广泛的民族戏剧形式，综合考虑大量历史文献和戏剧资料可以看出，壮族唐皇的正统唱腔与宋代戏曲存在某种联系，可能为探究壮族唐皇的起源提供一定的参考价值。钱南扬编纂的《宋元戏文辑佚》中记录了《祝英台》《刘文龙》等剧，这些剧可能与壮族唐皇的故事传承有一定关联。俞为民的《南戏通论》也对《刘文龙》和《祝英台》两部唱腔进行了记载，为研究提供了有价值的线索。另外，《福建南音初探》收录了《刘文龙与萧淑贞》《梁山伯与祝英台》《凤娇与李旦》等唱腔，这些经典南音作品也被收录在《中国曲艺音乐集成·福建卷》中。路工编纂的《梁祝故事说唱集》也包括了《梁山伯牡丹记》（南音的前身，即"木鱼书"）。这些与宋元南戏和南音相关的文献资料中，均包含有关唐代历史、壮族青年爱情故事等的记载，它们的主要情节和语言格律等艺术表现手法与壮族所传承的经典唱腔有相当大的相似性。因此可以得出，从壮族"唐皇"故事剧本看，其与宋

---

① 农伟培.壮族曲艺"唐皇"及其教育传承研究：以广西田东地区为例 [D].桂林：广西师范大学，2018.

元时期的南戏和南曲等艺术形式关联紧密，有一定的历史发展渊源。

2. 壮族曲艺"唐皇"的价值

（1）中华民族精神的弘扬。在壮汉等各民族不断接触和融合的历史过程中，类似的思维方式、行为模式和价值观念得以形成，这种相似性在潜移默化中塑造了壮族独特的民族个性，促进了文化的传承和发展，并凸显和弘扬了壮族人民的中华民族精神。民间广泛传唱的"唐皇"经典唱本中的内容反映了汉族儒家思想中的"仁""义""智""信""恕""忠""孝""悌"等核心价值观，以及壮族人民勤劳踏实、忠厚善良的品质。

在近现代，以红军和抗日为题材的"唐皇"唱本内容展现了壮族人民谋求民族独立和捍卫国家主权的革命精神，强调了红色文化传承。从传统民间唱本到近代新创作的各种题材的唱本，都承载着中华民族的优良传统和民族精神。

（2）各民族文化交流交融价值。壮族社会注重民俗节庆和歌舞音乐的社交和沟通功能，善于利用艺术形式传递思想，曲艺"唐皇"就是其中的代表之一。这不仅是表达情感的一种方式，还在日常交流、社交活动和求偶等场合发挥重要作用。源于汉族地区的曲艺形式不仅具备一般语言所不具备的长距离交流功能，还在特定情境下承载着隐含意义。

说唱在壮族社会中扮演了不可替代的沟通角色，涵盖了生活对话、婚恋风俗、教育等方面内容。壮族的戏剧通常采用说唱方式，既有说的成分又有唱的成分。在一些民间习俗中，壮族人民以说唱的方式与神明进行"对话"。此外，壮族还常常通过说唱的方式来教育年轻一代，传递各种伦理和道德观念。在这种情境下，说唱不仅是一种语言工具，还成为家族、民族、老师和学生之间的重要沟通媒介。

3. 调查点的基本情况

田东县属百色市，位于广西西南，距首府南宁市约 200 千米，在百色市的东南方向、右江河谷的中心地带。"唐皇"文化节是一个庆祝"唐皇"文化的节日活动，通常在特定的日期或时间段举行，旨在弘扬和传承"唐皇"文化。在这个节日中，人们可以观赏传统服饰、舞蹈、音乐、戏剧等形式的艺术表演，还可以了解到历史背景、人物故事和传统习俗。2020 年 11 月份，笔者深入林逢镇进行调研，期间参观了田东县林逢镇"唐皇"传承基地，参与了林逢壮族"唐皇"文化节活动，感受到了当地浓厚的壮族曲艺"唐皇"文化氛围。在笔者调研期间，2020 田东·林逢壮族"唐皇"文化节开幕，主题为"巩固脱贫攻坚成果，谱写乡村振兴新篇"，邀请了田东县民间"唐皇"艺人以及业余文艺团体轮番表演，淋漓尽致地展现了田东民间曲艺的艺术特点。"唐皇"节将唱"唐皇"的传统民俗与美食展示趣味竞技等融合在一起，配合糍粑美食制作、鸡鸭估重等活动吸引更多人体验民俗活动，感受非遗的魅力。

4. 广西田东地区壮族曲艺"唐皇"的历史与现代发展

（1）广西田东地区壮族曲艺"唐皇"的历史。壮族曲艺"唐皇"是源于汉族地区的一种艺术表演形式，其起源没有确切的记载，根据民间流传并保存下来较早的《唱唐皇》《唱文龙》《唱英台》等唱本内容进行分析，其起源可以追溯到与刘文龙、梁山伯与祝英台等主要人物相关的文献。一些历史记载的故事在壮族优秀传统文化中广泛流传，并通过这种曲艺形式传承下来。

中国社会科学院罗汉田在 1984 年发表的《壮族长诗〈唱文龙〉源流及变异》一文对唐皇的起源进行了研究。根据文献记述，公元 1554 年，也就是明朝嘉靖年间，田州（现在广西田东、田阳等地）的部族首领瓦氏夫人率军赴浙江抗击倭寇，经过三年奋战取得了胜利，在带领部众返回家乡的同时，将《刘文龙菱花镜》等当地民间流传的剧本带回广西，使其渐渐融入本地文化。创作者根据壮族地区的文化生活习俗，融合了当地艺术表演形式以及各类壮族元素，对这些剧本进行改编和移植，逐渐发展了符合壮族艺术特征的《文龙与肖妮》等唱本，这些唱本不仅在当地传唱开来，还逐渐向周边地区发展。[①]民间唱本创作也越来越多，但大多改编自中原地区的历史故事和戏曲剧本，至今已有460多年的流传历史。"唐皇"在漫长的历史沉淀中不断发展，形成了带有音律和词韵的、融合多种艺术表现形式的壮族言情叙事长歌，深受壮族人民喜爱并被广泛传播。

（2）广西田东地区壮族曲艺"唐皇"的现代发展。受到战乱影响，"唐皇"曾经面临着失传的危机，幸好一些民间老艺术家保存了一些民间传唱唱本。中华人民共和国成立后，在政府的大力支持下，开始了寻找、保护和传承壮族民间艺术的工作，壮族曲艺"唐皇"重新走入人们的视野，唱本也重新回到了民众手中，各类创作层出不穷，焕发出了新的光彩。"唐皇"于1989年成为我国少数民族曲种之一，也反映了对该曲艺形式的重视和保护。得益于国家对民间艺术的重视、地方政府对民间艺术的收集和整理，以及壮族学者的研究工作，壮族曲艺"唐皇"得到了传承和发展，并随着时代的变迁而有了新的作品。

随着传统社会生产生活方式的改变，壮族曲艺"唐皇"也在继承中不断创新发展。在内容方面，它不仅讲述了传统的历史传说故事和民间传统习俗，还加入了当代社会的主题和故事，使其更具时代气息；在传承方面，年轻一代壮族人将自己对传统文化的理解和感受融入传统曲艺，为其注入了新的活力；在功能方面，"唐皇"在社会中的育人功能得到强化，成为文化交流、民族精神弘扬、民族团结的重要载体；在表现形式方面，其演唱方式、曲调等也不断创新，以适应现代观众的审美需求。政府、学校以及社会各方面应联合起来，通过课堂教学、文化活动和传承基地建设等措施，致力传承壮族曲艺"唐皇"，确保其在新时代得以延续和发展，从而传承和弘扬历史文化精神。

---

① 罗汉田.壮族长诗《唱文龙》源流及其变异[J].民族文学研究,1984（2）：123-133.

壮族曲艺"唐皇"的发展坚持社会主义核心价值观引领，因此可支持民族优秀文化保护传承，培养民族传统文化传承人，打造民族文化精品项目，充分利用壮族曲艺传承载体，发挥民族文化的育人优势，宣传党的民族方针政策，歌颂中国特色社会主义道路上的伟大成就，把保护传承民族优秀文化与传承建设各民族共享的中华文化有机结合起来，不断增强中华文化认同，营造各民族全面交往交流交融的良好社会氛围，鼓励创作新曲，以在推动各民族文化传承保护和创新交融方面取得显著成效，使壮族优秀传统文化在新时代的艺术舞台上唱响铸牢中华民族共同体意识新篇章。

（二）以壮族传统节日"三月三"为例

壮族"三月三"是广西壮族自治区南宁周边地区的民俗，是第四批国家级非物质文化遗产。壮族"三月三"是壮族儿女祭祀先祖、对歌择偶的传统节日，是在特定的历史条件下，结合特定的生活实际，经过年复一年的积累和沉淀而慢慢形成的独具壮族特色的传统节日。壮族"三月三"如今主要流传于南宁市武鸣区，尤其以东部两江镇、罗波镇、马头镇、陆斡镇，以及西部的灵马镇、锣圩镇最为盛行。2021 年 4 月13—15 日，笔者赴广西壮族自治区南宁市武鸣区进行了调查访谈。

1. 调查点基本情况

武鸣区位于广西壮族自治区中南部，于 2015 年并入南宁市，城区东部与上林县、宾阳县毗邻；西部毗邻平果市；南部毗邻南宁市西乡塘区和兴宁区；北部毗邻马山县。武鸣区人口以壮族为主，其次是汉族、瑶族等其他 31 个民族，这里是壮族文明的发祥地之一，也是广西综合实力较强的地区之一。在漫长的历史长河里，歌圩成为武鸣地区壮族文化中灿烂缤纷的一部分。在历代壮族人民的接续传承中，古老的山歌守正创新、与时俱进，成为武鸣区一项广为传播的文化瑰宝。

2. 壮族"三月三"的历史变迁与发展

壮族的"三月三"是一项重要的传统节日，与我国古代的"上巳节"有一定联系，体现了中华民族传统节日文化的多样性和共通性。随着时代不断变迁，上巳节在中原地区逐渐衰落，但壮族人对其进行了继承与发展，并充分融入了壮族特色文化，使壮族"三月三"在民族文化中延续传承。

武鸣区廖江沿岸是古代壮族人民的节日场地，每年农历三月初三，群众便在此地过节。每到这个时刻，当地的群众会停下农活，开始为庆祝活动做准备，以欢乐的方式庆祝和传承自己独特的文化。他们杀鸡宰鸭，蒸制象征团结和谐的五色糯米饭，邀请亲朋好友来家里聚餐，一同享用美食。酒足饭饱之后，大家会到河边、山坡、草坪或晒谷场等地，通过一问一答的形式唱起山歌，直至次日甚至两三昼夜，每场歌圩聚集 1 000 ～ 10 000 人不等。这种节庆活动充满欢乐，是人们表达情感、传递祝福和分享喜悦的重要方式，不仅能够加深和家人、朋友、邻里之间的感情，还促进了各民族间文化交流。

清朝光绪年间，由广西武鸣籍官员黄君钜编撰而成的《武缘县图经》记载："答歌之习……沿江上下，数里之内，士女如云。"足见当时群众参与度之高，节日氛围之浓厚。但是，历史上禁歌现象也屡有发生。《武缘县图经》中就有记载，清朝道光年间，思恩知府（府治于今南宁市武鸣区）李彦章就曾下令禁歌，当时的禁歌碑就立在歌圩的中心（今武鸣区马头镇小陆村）；民国年间，县府也曾下令禁歌。但这些禁令无法阻挡人民群众开展活动的热情，歌圩依然盛行。

解放初期，山歌成为政治宣传的形式之一。改革开放后壮族"三月三"歌节得以恢复，随着社会的发展，政府加大对民俗文化的保护。1983 年，广西决定将每年阴历三月初三定为壮族的传统节日。从 1985 年开始，武鸣将每年"三月三"定为壮族歌节。也是从这时起，每年阴历三月初三都在城区举办武鸣壮族"三月三"歌节系列活动，吸引着各地各族同胞前来参加。①

2003 年以来，为弘扬祖先流传下来的优良习俗，当地政府可打造壮族标志性文化品牌，促进经济交流交往与合作，使长期积淀的壮族文化与现代文化元素充分结合起来，不断挖掘创新更具有民族特色的壮族民间大型舞蹈，进一步弘扬壮族文化，打造壮族文化精品。壮族"三月三"从市县到自治区，再到国家层面越来越受到关注，而且随着节日民俗活动不断规范化，壮族"三月三"的文化表现形式不断丰富。

壮族"三月三"作为广西最具代表性的传统民俗文化符号之一，具备传承中华民族传统优秀文化、彰显区域民族特有形象、推动民族地区经济社会发展等多种功能，是开创特色鲜明的民族发展史的见证。如今，壮族"三月三"广为人知，并发展为独具民族特色的文旅消费大品牌，成为推动广西经济社会建设，以及促进广西文化发展、民族团结、社会进步和中华民族共同体意识培育的文化载体。

3. 壮族"三月三"的价值与意义

（1）增强了各民族的中华民族共同体意识。文化认同是最深层次的认同。壮族"三月三"是中华优秀传统文化中的重要传承，经历了历史的沉淀，已成为全广西各族人民，甚至全国各族人民期待和喜爱的民族文化活动之一。它作为壮族地区传统民族文化的代表性品牌活动，能够增强人们对丰富的中华优秀传统文化宝库的理解、认同，文化认同是民族团结之根、民族和睦之魂，为建设各民族共有精神家园，以及铸牢大学生中华民族共同体意识打下了广泛的文化基础。

（2）增进了各民族互嵌式的交往交流交融。传承弘扬中华优秀传统文化就是要增进各民族之间的认识和理解，"三月三"文化内涵丰富，体现了民族之间的互相尊重和包容，倡导不同民族之间相互交流的价

---

① 李振鹏.壮族"三月三"的起源、功能、传承现状与发展对策[J].长江师范学院学报，2021，37（6）：80-89.

值。通过每年定期举办形式多样的壮族"三月三"民俗文化活动，给予了各民族群众更多接触和交往的机会，促进其相互了解、接纳、包容，有助于各民族个体与个体、个体与群体、群体与群体间相互交融，建设各民族共有精神家园、各民族共同繁荣发展，为铸牢中华民族共同体意识奠定牢固的社会基础。

（3）建立了各民族共同繁荣的经济发展模式。发展是解决民族地区各种问题的总钥匙，各民族共同发展是实现中华民族伟大复兴的重要途径。组织壮族"三月三"系列活动能够有效提升和优化当地产业结构，以文化产业的形式拓宽当地各民族群众融入经济建设的渠道，充分调动各族人民参与整个市场经济体系建设的积极性，并有助于构建各民族间互相依存、互利共赢的经济互补关系，建立各民族共同繁荣的经济发展模式，为推动建设各民族共有精神家园，以及铸牢中华民族共同体意识奠定扎实的经济基础。

（三）以桂林理工大学"自治区民族团结进步示范单位"创建为例

随着党和国家对民族工作的重视程度不断加深，各类学校就优秀传统文化保护、传承和发展工作进行了积极探索。桂林理工大学坚持紧扣铸牢中华民族共同体意识这一新时代党的民族工作主线，坚持为党育人、为国育才，把加强党的全面领导贯穿民族工作始终，在民族团结进步教育实践中展现了新担当新作为。笔者多次深入桂林理工大学开展调研，亲身感受各民族师生和睦相处、和衷共济、和谐发展的校园环境，深入了解桂林理工大学开展优秀传统文化融入校园文化建设的情况，并就高校如何更好地落实大学生铸牢中华民族共同体意识提出了思考和讨论。

1. 调查点基本情况

桂林理工大学坐落于广西桂林市，是一所以工学为主的高等学校，现有桂林屏风、桂林雁山、南宁安吉、南宁空港 4 个校区，截至 2024 年 5 月，各类全日制在校生 4.5 万余人，其中少数民族学生占比约 30%。学校 2020 年获得广西"第四批自治区民族团结进步示范单位"称号，是第一所获此称号的高校，并先后获批崇左市民族团结进步教育示范学校、桂林市民族团结进步示范区示范校等。

桂林理工大学坚持将民族团结进步教育融入师生学习和生活全过程，常态化开展"民族团结进步宣传月"等系列主题教育，打造壮族"三月三"民族特色品牌，加强各民族之间的交流与交融。学校坚持以铸牢中华民族共同体意识为主线，获得了自治区民宗委理论政策研究创新成果一等奖 1 项，以及崇左市统战工作研究创新成果一等奖 1 项、三等奖 3 项，挂牌成立桂林市铸牢中华民族共同体意识理论研究基地、崇左市铸牢中华民族共同体意识政协委员学习教育基地、政协扶绥县委员会铸牢中华民族共同体意识学习教育基地、扶绥县民族团结进步教育基地、扶绥县民族团结进步教育社会实践基地、扶绥县少数民族学生工作站、扶绥县铸牢中华民族共同体意识研习基地，被认定为崇左市少数民族传统体育竞技项目训练基地。

2. 推动铸牢中华民族共同体意识走深走实

桂林理工大学依托广西丰富民俗文化资源教化人、培养人和提升人，凝聚文化资源中所包含的民族精神和时代精神力量，将壮族优秀传统文化融入大学生铸牢中华民族共同体意识培育，不断增强大学生对伟大祖国、中华民族、中华文化、中国共产党和中国特色社会主义的认同。

（1）坚持高位推动发展工作。桂林理工大学坚持铸牢中华民族共同体意识这一新时代党的民族工作主线，成立了民族宗教工作领导小组，将民族团结进步教育工作列入年度《党政工作要点》、二级党组织巡察和党建年终述职考核，形成了学校党委统一领导、统战部门牵头谋划，学院组织全校师生共同参与的高校民族工作格局。通过双措并举，抓牢抓实民族团结进步教育。一是高效发挥党建引领作用。定期召开党建工作月例会、举办基层党支部书记培训班、开展党支部建设创新活动等，使加强基层党组织建设同民族团结进步创建工作有机融合、统筹推进，切实发挥各级党组织的政治核心和党员的模范作用，带动全校师生共同参与民族团结进步创建工作之中。二是高质量赋能民族团结进步教育。建设桂林市铸牢中华民族共同体意识理论研究基地，组织各级干部深入学习习近平总书记关于加强和改进民族工作的重要思想，组建由专家学者挂榜、青年学术骨干共同参与的高水平研究团队，先后在《学习强国》《广西日报》等平台刊发民族工作理论研究文章。

（2）坚持深度整合教育资源。充分发挥德育课程在民族团结进步教育中的主渠道作用，开好"五史"课程，讲好"五史"故事；充分利用校内宣传橱窗、景观亭廊等传统媒体功能营造氛围，积极打造微信、微博、抖音等网络宣传矩阵，开辟民族团结和优秀传统文化线上线下展示专区，拓宽宣传面，提高覆盖率；抓住重要时间节点开展民族团结进步教育，广泛营造大学生铸牢中华民族共同体意识的大语境、大氛围，力争取得"教育一次、培育一批、影响一片"的宣传教育效果，切实提高民族团结教育工作实效；以先进典型带动各民族师生深度交融，每年评选各类优秀师生先进典型，通过校园官网、微信等平台对其优秀事迹进行展示宣传，激励广大师生对标先进，奋勇争先。

（3）坚持拓宽教育平台。面向全体学生举办"三月三"民族风情文化节活动，开设民族传统体育运动课程，定期举办民族趣味运动会，使各族学生在课程和活动中体会民族体育精神；发挥"两馆两园两基地"等校内展馆资源优势，开展民族作品设计创作竞赛、民族团结主题读书月，开设"石榴籽"课堂邀请剪纸"非遗"传承人教授剪纸技艺，营造各族师生学习民族技艺和"非遗"文化的良好氛围；依托"第二课堂成绩单"制度广泛开展民族团结教育实践，持续引导各族学生铸牢中华民族共同体意识。

3.高校开展中华民族共同体意识培育活动有关思考与讨论

壮族优秀传统文化为中华优秀传统文化中的有机组成部分，将壮族优秀传统文化融入校园是促进壮族优秀传统文化传承与现代发展的重要路径之一，有助于提升高校民族团结工作质效，优化大学生中华民族共同体意识培育实践。

（1）切实发挥课堂教育主渠道作用。课堂教育为传播思想、传播文化的主阵地。高校要将中华民族共同体意识培育融入人才培养方案，通过优化和完善人才培养方案，加强课程建设、丰富培养方式，挖掘壮族优秀传统文化中的思政内容并将其纳入课堂教学，打造一系列铸牢中华民族共同体意识思政示范课和精品课，引导学生形成正确的马克思主义民族观；要打造专业教师队伍，配备具有相关专业背景、素质优良的思政教师，同时对各专业教师开展民族团结进步教育，形成各类教师齐抓共教的教学模式；要与地方政府共建铸牢中华民族共同体意识教育基地、研究基地，联合多方力量，整合各类资源，加强人才培养和理论研究，建立中华民族共同体意识培育理论研究体系，不断探索育人创新理论，结合优秀传统文化所体现的精神内核，获取更多有影响力的理论成果，为党和国家开展民族工作提供决策参考和学理依据。

（2）发挥第二课堂实践育人功能。重视和加强第二课堂建设，充分发挥第二课堂空间多样、环境多变、资源丰富等优势，注重实践育人，不断创新实践形式、拓宽教育途径。一是通过开展民族团结进步教育主题文体活动等，让学生在实践过程中汲取思想养分，获取精神力量，感受壮族优秀传统文化魅力，引导学生以积极心态对待民族多样性，增强文化认同。二是充分利用校内外民族团结进步教育实践基地，以创新方式让学生走出课堂，走进民族文化展馆、民族中小学、民族地区，深入体验感受民族风情，提高教育实效。

（3）营造民族团结氛围，强化文化认同。认同感是铸牢中华民族共同体意识的核心，而更深层次的认同在于文化。通过文化认同，知行合一才有可能实现。深入挖掘中华优秀传统文化，特别是壮族优秀传统文化的育人基因，在校内积极营造健康向上的民族文化氛围，实现"润物细无声"的教育效果。此外，还需用大学生喜闻乐见的方式进行宣传推广。充分利用微信公众号、视频公众号、微博等新媒体平台，找准青年人关注的热点、兴趣点，创新性地促使中华优秀传统文化和壮族优秀传统文化传承与时代发展相结合，增强大学生对中华优秀传统文化的认同，主动做优秀传统文化的传播者、传承者，推动中华民族共同体意识深入人心。

三、壮族优秀传统文化融入大学生铸牢中华民族共同体意识的经验

广西地处民族和边疆地区，高校以社会主义核心价值观为导向，坚持立德树人根本任务，用中华优秀传统文化凝心铸魂，注重挖掘文化育人元素，将壮族在内的各民族优秀传统文化融入办学治校和教书育人全过程，教育引导大学生铸牢中华民族共同体意识，为开展民族团结进步教育积累了一些经验。

调研了解到，高校大胆探索推进铸牢中华民族共同体意识工作育人新路径，以中华优秀传统文化为载体，多措并举，多样化开展壮族优秀文化传承活动，展示了民族传统风俗，传播了民族传统文化，组织大学生开展了丰富多彩的民族团结进步教育工作实践，教育引导各族师生牢固树立正确的国家观、历史观、民族观、文化观、宗教观，增进"五个认同"的创新实践，为新时代深化大学生中华民族共同体意识培育提供了丰富的实践经验和研究基础。

（一）坚持社会主义核心价值观为导向

壮族优秀传统文化是壮族人民在长期的生产生活实践中形成的智慧结晶，是经过了历史长河筛选、积淀形成的文化瑰宝，其间蕴含着勤劳善良、开拓创新的道德品质，彰显了热爱国家民族、维护祖国统一的爱国主义思想，弘扬着知礼尚义、济困扶危的社会公德观，传承了尊老爱幼、邻里和睦的家庭道德观，体现了崇尚自然、保护环境的生态伦理观。这些都是社会主义核心价值观的内核，体现了社会主义社会的基本价值取向，是指导社会发展和人们行为的准则，也是人民的共同追求和价值认同。社会主义核心价值观从国家、社会、个人三个层面，高度凝练了当代中华儿女对待民族、祖国、社会、家庭、个人所持的价值观念。从宏观上看，社会主义核心价值观与壮族优秀传统文化蕴含的价值理念和道德规范存在高度的一致性，也与中华民族共同体意识的培育在文化底蕴上同质、在内容体系上共生，具有价值引导的契合性和实践延展的同向性。

要坚持以社会主义核心价值观为大学生价值培育导向，通过倡导和践行这一独特精神标识，铸牢大学生中华民族共同体意识。首先，社会主义核心价值观作为价值导向，能够引导大学生树立正确的世界观、人生观和价值观。它包括国家、社会、个人三个层面的价值追求。通过强化对社会主义核心价值观的教育和宣传，高校能够培养大学生的民族自豪感和责任感，激发他们为中华民族的发展和繁荣作出贡献的意识。其次，社会主义核心价值观有着独特的精神标识，通过具体的表达，向大学生传递中华民族共同体意识的核心价值观念，使他们在行为和思想上与中华民族的共同体意识相契合，牢固树立敬业爱国、奉献社会的价值信念。大学生积极践行社会主义核心价值观，不仅有助于个人的成长和发展，还能推动中华民族整体意识的形成和巩固。社会主义核心价值观包含了追求国家富强、民族团结、社会和谐以及各族人民互助友爱的理想。这些价值观念以国家富强为目标，从应然的角度引导着广大人民共同建设中华民族共有的精神家园，体现了中华民族共同体意识的核心要素，延伸和弘扬了实现中华民族伟大复兴的中国梦的深层动力；从实然的角度来看，社会主义核心价值观正在不断深化中华民族的共识，已成为对中华民族共同体意识的强大实践引领力。①

（二）坚持铸牢中华民族共同体意识为根本方向

中华民族共同体意识是指在中华民族各个民族成员中形成的一种认同感和归属感，是中华民族团结和发展的重要基础。"五个认同"涵盖了国家、民族、文化、政党和制度五个维度的关系，是大学生铸牢中华民族共同体意识的核心要素，是培养中华民族共同体意识的根本方法。高校要明确"五个认同"教育目标与各民族团结进步教育培养目标和任务要求，将壮族优秀传统文化中的"共同体"基因充分融入思想政治理论课教材建设和教学、实践等环节，注重发挥教育在大学生中华民族共同体意识培育中的重要作用；应推动全面、均衡、优质的教育发展，加强民族团结进步教育，重视中华民族的优秀传统文化，传承和弘扬中华民族的核心价值观，提升民族认同和凝聚力，培养大学生的爱国主义情怀、民族团结意识、文化自信和多元融合能力；还应大力开发网络新型教育平台资源，打造线上线下、校内校外等与实景模拟相融合的优质思政课程，认真落实"为党育人、为国育才"目标，引导各族师生树立正确的人生观、价值观和世界观。

铸牢中华民族共同体意识作为意识形态领域工作，"五个认同"的社会宣传教育是其中的重要组成部分。高校应通过引入各族群众喜闻乐见的文艺作品，使大学生感受到各民族共同的价值追求和奋斗目标。高

---

① 孟凡丽.在有形有感有效上用力铸牢中华民族共同体意识 [J].红旗文稿，2022（12）：26-29.

校在进行宣传教育时要注重凝练各族人民在共同推动社会主义现代化建设过程中的典型事件，将铸牢中华民族共同体意识融入身边人、身边事、身边物，将建设新时代文明实践中心作为深入开展"五个认同"宣传教育的重要载体，这样可以有效组织和引导各族大学生参与实践，让他们亲身参与推动"五个认同"社会宣传教育的过程，将社会主义核心价值观融入实际生活中，逐渐形成自觉的行为准则和道德信念。

（三）坚持基于"多元一体"的壮族文化传承与发展

民族团结是我国各族人民的生命线。文化是一个民族的魂魄，文化认同则是民族团结的根脉所在。[①]应在坚持认识和尊重壮族文化多样性的同时，推动不同民族元素的融合和互动，促进壮族文化与其他文化的融合和借鉴，实现文化的繁荣和发展。壮族是我国人口最多的少数民族，广西壮族自治区一直以来积极贯彻党和国家的民族政策，在推进壮族文化与中华优秀传统文化的融合发展方面进行了努力，特别是注重发挥壮族文化在民族团结中的重要作用，积极促进各民族之间的交往、交流和交融。高校应坚持基于"多元一体"的壮族文化传承与发展，既保护好壮族文化的传统特色，又与社会变革相适应，将壮族文化与其他文化相结合，推动中华文化的繁荣和发展，实现中华民族的团结进步、和谐共生。高校推动各民族大学生在文化上的互相尊重、相互欣赏、相互学习和相互借鉴，有助于各族人民建立起手足相亲、守望相助的亲密关系。这进一步巩固了平等团结互助和谐的社会主义民族关系，不断增强了各族人民对中华民族的认同感和自豪感。应注重加强对壮族优秀传统文化的传承和保护，深入挖掘壮族优秀传统文化的丰富内涵和独特魅力，在文化资源的开发与转化上，坚持发展各族优秀传统文化，促进多

---

① 习近平.在全国民族团结进步表彰大会上的讲话[J].中国民族，2019（10）：21-24

元聚为一体、一体容纳多元，通过对壮族优秀传统文化的深入研究，充分尊重"多元"，又凸显"一体"的高度认同，进一步坚定各族人民的文化自信。

（四）坚持以中华优秀传统文化为载体

党的二十大报告指出，以铸牢中华民族共同体意识为主线，坚定不移走中国特色解决民族问题的正确道路，坚持和完善民族区域自治制度，加强和改进党的民族工作。铸牢中华民族共同体意识作为新时代党的民族工作主线，就是要引导各族人民牢固树立休戚与共、荣辱与共、生死与共、命运与共的共同体理念。中华优秀传统文化是中华文明的发展结晶，是中华各族人民几千年来的文化传承与历史积淀，是镌刻在中华民族精神血脉中各民族共同的、无法割舍的文明基因，既是丰富与完善中华民族共同体宝贵的精神财富，又深刻展现了中华民族共同体的历史价值、共同智慧、笃定立场及深刻内涵。

中华优秀传统文化承载着民族共同体共通的价值认同和价值意蕴，将中华优秀传统文化融入民族团结进步教育，是对中华美德的传承、对中华文化的赓续、对中华民族精神的发扬。高校应坚持以中华优秀传统文化为基础，推动中华民族共同体意识的培育工作，用中华优秀传统文化构筑中华民族的精神之魂，春风化雨、润物无声地将民族团结进步教育融入高校日常教育，引导大学生了解、认同和传承中华民族的传统价值观，增进大学生对中华优秀传统文化的认同和自豪感。

四、壮族优秀传统文化融入大学生铸牢中华民族共同体意识存在的主要问题及原因分析

笔者通过对 1 855 份有效问卷（附录 2）进行分析，构建了可视化

数据图表，深入分析研究了现阶段将壮族优秀传统文化融入大学生铸牢中华民族共同体意识存在的问题，并找出了主要原因，为提出有效解决措施打好了基础。

（一）从培育目标来看，铸牢中华民族共同体意识教化效果不明显

对大学生主动了解"中华民族共同体意识"及"国家民族方针民族政策"等问题的数据进行梳理可以发现：在1855份有效问卷中，比较符合主动了解"中华民族共同体意识"相关知识的有1106人，占59.6%，完全符合的同学有317人，占总体问卷的17.1%（图3-3）。可见，大部分大学生能够主动去了解中华民族共同体意识的相关内容。同时可以看到，选择"大学生了解国家民族方针、民族政策非常有必要"观点的人数达403人，占总体样本的21.7%，比较符合的人数达1313，占总体样本的70.8%。相较主动了解"中华民族共同体意识"相关知识的同学来说，有15.8%大学生认为了解国家民族工作方针、民族政策非常有必要，但并未主动了解"中华民族共同体意识"相关知识。可见，大部分学生能够主动去了解国家关于民族工作的方针政策，主动去认知中华民族共同体意识的相关知识。但是，部分大学生中华民族共同体意识缺失，这离党和国家对民族团结进步教育工作的要求还有较大差距，反映出学校在大学生中华民族共同体意识培育工作方面的教化效果还不明显，可基于认知培育目标和情感认同目标去进行进一步分析。

大学时期是青年形成世界观、价值观的关键时期，也是培养和塑造民族共同体意识的重要阶段。然而，问卷调查的数据分析显示，虽然多数大学生能够主动去了解国家的民族工作方针政策，但在深度和广度上还不够，无法内化认知。大学生对"中华民族共同体意识"的理解仍然比较浅薄，缺乏对民族文化深层次价值的认识和对民族团结深刻意义的领悟。另外，许多学生对壮族等少数民族优秀传统文化的认识普遍不

足，无法真正了解与自身环境相关的民族优秀传统文化，自然也不能真正理解和感受到中华民族文化的多元性和包容性。

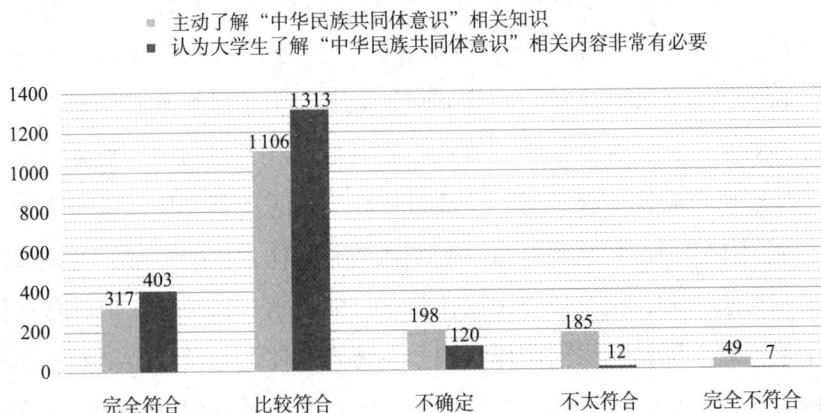

图 3-3 的图例：
- 主动了解"中华民族共同体意识"相关知识
- 认为大学生了解"中华民族共同体意识"相关内容非常有必要

图 3-3 大学生了解铸牢中华民族共同体意识相关内容的主动性

（二）从融入方法来看，融入铸牢中华民族共同体意识路径单一

对"壮族优秀传统文化知识"融入"中华民族共同体意识培育"渠道情况进行分析，通过调查问卷统计大学生了解壮族优秀传统文化知识的来源（多选项）可知：从区域上来说，94.8% 的大学生通过学校了解壮族优秀传统文化知识，26.0% 的大学生通过家庭了解相关知识，12.8% 的大学生通过社会了解相关知识；从载体上来说，最主要的是网络、微信等新媒体平台，占 50.5%，而 21.9% 的大学生在亲身实践中了解壮族优秀传统文化，通过广播、电视、报纸等传统媒体了解壮族优秀传统文化的仅占 12.3%，另有 5.6% 的大学生选择通过自学来了解相关知识（图 3-4）。通过调查统计结果可以看出，"壮族优秀传统文化知识"相关信息的主要来源是学校，主要载体是新媒体。学校作为教育的主阵地，是一条十分重要的壮族优秀传统文化传播渠道，而家庭与社

会作为学生密切接触的场所，在传播优秀文化知识上发挥的作用却不凸显。同时，大学生接受"壮族优秀传统文化知识"的主要载体是新媒体，主要体现为学生自行看网页、刷抖音等随机行为的结果，家庭教育、社会实践、校园宣传展板等有指向性的教育的占比较低。总体来说，高校将"壮族优秀传统文化知识"融入"中华民族共同体意识"的路径相对单一，且主动引导的方式占比较低。有关部门和高校要高度重视，加以研究解决。除了学校要注重将壮族优秀传统文化融入铸牢中华民族共同体意识，社会也要重视中华民族共同体意识的培育，有关部门应加强思想引领，注重优秀民族传统文化的传承、保护和输出，营造铸牢中华民族共同体意识的浓厚氛围。在传播载体上，学校应主动占领互联网新媒体平台，加强指向性教育，以学生喜闻乐见的方式将壮族优秀传统文化融入中华民族共同体意识教育。此外，还要积极发挥课程教育主渠道作用和校园文化育人作用，做好壮族优秀传统文化传播工作，让学生了解中华民族的历史和璀璨文化，以此促进各民族学生交往交流交融，增进各族学生对中华文化的认同，不断增强中华民族凝聚力。

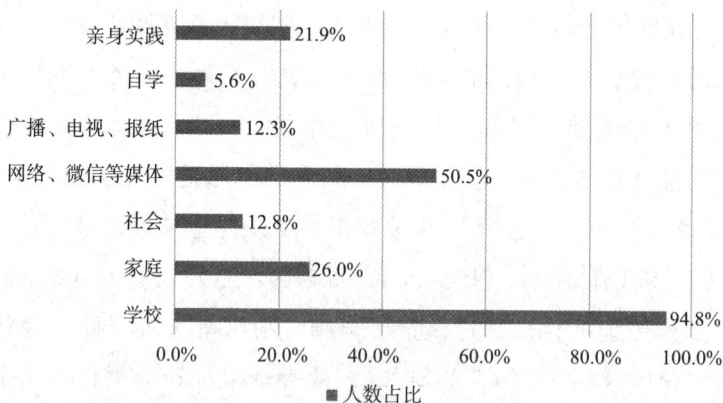

图 3-4　大学生了解壮族优秀传统文化知识的渠道

（三）从融入对象来看，大学生壮族优秀传统文化认知不足

分析大学生对具体壮族优秀传统文化的了解情况，结果显示有1 454 名大学生对"三月三"歌节、中元节、陀螺节等主要壮族节日庆典比较了解，占总体样本的 78.4%，45.6% 的大学生了解抛绣球、竹竿舞等民族传统体育，37.8% 的大学生了解传统礼仪风俗，30.4% 的大学生了解民族艺术传承，23.7% 的大学生了解民族传统美德。可见，大学生对于常见壮族传统节日庆典、体育活动、风俗文化有一定的了解，民族文化传承有一定的基础。但是，大学生对于壮族优秀传统文化中的民间信仰（占 15.3%）、原始崇拜禁忌（2.1%）、布洛陀神话等民间文学（3.1%），以及乡规民约制度文化（占 2.6%）的认知仍然处于较低水平（图 3-5）。结合本调研数据，就当代大学生对文化信息的接触与了解，以下进行正反两面分析。一方面，聚焦于当代大学生对负面文化信息鉴别与防范。当代大学生正处于探索世界、学习本领的重要阶段，每天都会通过各种方式接触到海量的信息。在当今信息化快速发展的媒体时代，网络上充斥着各种各样的文化信息，意识形态斗争手段越发隐蔽，因此我国高校作为传播社会主义先进文化的重要场域、意识形态工作的前沿阵地、立德树人的核心场所，应做好文化信息鉴别、防范及引导工作。另一方面，聚焦于当代大学生对正面文化信息的筛选与优化。根据调研数据可知，当今大学生对正向文化信息的了解仍存在一定的偏差，对于当下主流的节庆、大众化程度较高的活动比较熟悉，对一些小众的民俗文化、仪式、制度则了解较少。这在一定程度上也反映出，对于一些小众的少数民族优秀传统文化，虽然政府、高校等积极采取了措施进行保护，但由于没有形成有效的传播渠道与方式，很多文化遗产面临着逐步消亡的可能。总体来说，壮族优秀传统文化在大学生中的传播仍存在偏差，没有得到全面传播，使得壮族优秀传统文化发展不平衡、不充分，制约了中华民族共同体意识培育工作的成效的实现。因此，高校要

全面认识壮族优秀传统文化，推进壮族优秀传统文化全面传播，助力中华民族共同体意识工作取得现实成效。

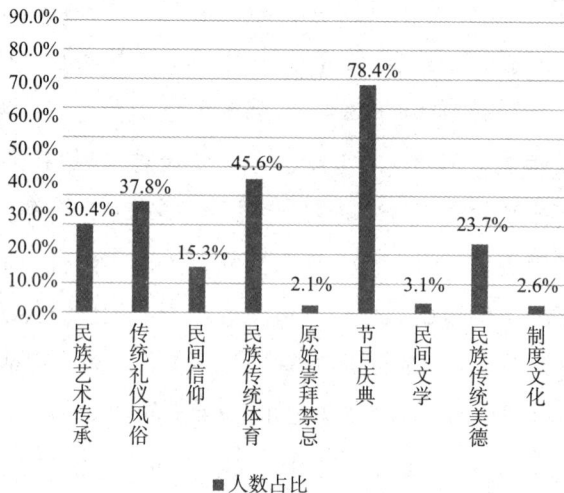

图 3-5　大学生对壮族文化的认知情况

（四）从融入内容来看，壮族优秀传统文化元素挖掘薄弱

对大学生在接受学校教育过程中了解壮族优秀传统文化的情况进行分析，结果显示：通过民族文化旅游、校园文化活动、民族传统体育运动等实践体验类的方式了解壮族优秀传统文化知识的大学生分别占比为 79.5%、43.7% 及 39.7%；通过网络平台学习、合作搭建的学习平台等线上教育方式了解壮族优秀传统文化知识的大学生占比为 42.3% 及 12.4%；通过民族课程或专业等课堂主渠道了解壮族优秀传统文化知识的大学生占比仅有 23.7% 及 0.5%（图 3-6）。由此可见学校课堂作为学校教书育人的主渠道，其开展民族团结进步教育成效不佳。究其主要原因，一方面是没有深入地挖掘优秀传统文化元素，没能将其很好地融入思政课、语文课等公共课程，也没能结合专业特征融入专业课程，无法形成有特色的课程思政内容。另一方面，没有对壮族优秀传统文化元素

进行有效提炼形成系统的民族文化知识体系与学校民族团结进步教育课程体系相互呼应。因此，学校要深刻认识到课堂主渠道在育人方面的不可替代性，要高度重视并充分利用第一课堂开展民族团结进步教育，用好思政课教师等主力军，把思政课的政治性、思想性，以及其他学科课程的学术性、专业性，与优秀传统文化有机结合起来，优先培育几门融合程度较高、效果较好的优质课程，打造出品牌，再以点带面，逐步推广到更多课程，让更多学子接受系统的民族团结相关知识教育，为铸牢中华民族共同体意识打下坚实基础。同时，要突出教育的规范性和组织性，深入挖掘教育资源，采用视频呈现、现场观摩、角色体验等灵活多样的方式，推进中华民族共同体意识教育进校园、进课堂、进头脑，不断激发各族学生的爱国热情和民族团结意识，真正把铸牢中华民族共同体意识的种子埋在每一个学生的心灵深处。

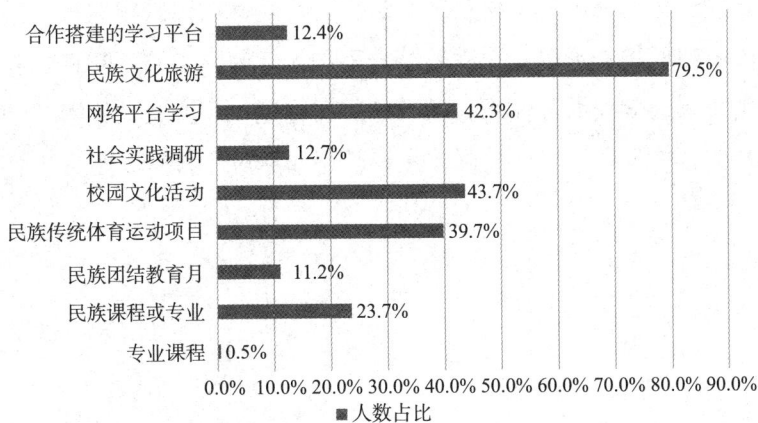

图 3-6　大学生在学校教育中了解壮族优秀传统文化知识的途径

根据调研结果分析壮族优秀传统文化融入大学生铸牢中华民族共同体意识培育存在不足的主要原因，可知：30.7% 的同学认为校园文化活动、社会实践活动流于形式，28.6% 的同学认为传统文化本身不太符合当前大学生的思维、生活方式。在问卷的最后，有 27 名同学提出"在学校参加民族团结教育活动时希望收获到的多元知识"相关建议。因此，高校在开展校园文化活动和社会实践活动的过程中，要充分挖掘壮族优秀传统文化的内涵，结合壮族的语言表达方式和日常生活习俗，将壮族人民的民族风情和人文气息融进去，把壮族人民的伦理道德观念融进去，让活动深刻体现出壮族人民的家庭伦理、社会伦理和生态伦理等丰富内容，带给大学生更多视觉、听觉和味觉等冲击，提高活动的吸引力和传播力。另外，要深入研究当代大学生的思想状态和多元诉求，结合当代青年的特点和喜闻乐见的方式，进一步提升挖掘壮族优秀传统文化元素的工作质量，将壮族优秀传统文化内容更好地融入大学生学习生活工作，不断提升中华民族共同体意识培育的成效。

总体来说，学校还要进一步抓好育人主线，开展好课堂教学和第二课堂，实现显性教育和隐性教育相互结合、相互补充。根据大学生的身心特点进行的因材施教工作存在不足，有针对性的民族团结教育活动不多，内容和形式较为单一，文教结合不深入，因此需要不断将壮族优秀传统文化融入学校课程体系、融入校园文化建设，夯实民族团结进步教育的基础，提升中华民族共同体意识教育的针对性和实效性。

第四章
壮族优秀传统文化融入大学生铸牢中华民族共同体意识的实践体系

壮族优秀传统文化是壮族人民的宝贵精神财富，为新时代高校育人提供了丰富的文化资源，在思想政治教育和社会主义核心价值观培育方面发挥了重要作用。高校要加强中华民族共同体意识培育，就要在大学生铸牢中华民族共同体意识实践中发挥壮族优秀传统文化的育人价值。[①]要积极构建壮族优秀传统文化融入大学生铸牢中华民族共同体意识培育实践体系，通过挖掘广西壮族优秀传统文化内涵元素，研究壮族优秀传统文化融入大学生铸牢中华民族共同体意识培育活动机理、方法及载体等，帮助大学生正确把握民族文化历史传承脉络，准确理解和把握中华民族共同体意识的深刻内涵和实践要求，不断增强中华民族归属感、认同感、尊严感、荣誉感。同时，要以优秀的文化滋养青年学子，提升中华民族共同体意识的感召力，提升滋养身心的精神力量，使学生在汲取优秀中华文化中坚定前进，进一步坚定文化自觉与文化自信，成长为创新壮族优秀传统文化的"代言人"，发展中华文化的"传承人"。

一、壮族优秀传统文化融入大学生铸牢中华民族共同体意识的实践导向

一个民族的文化是这个民族生存和发展的精神根基，是多民族国家内在包容力、凝聚力和传承发展的内核。[②]壮族为中华民族共同体的重要组成部分，壮族文化中蕴含的共同的民族意识是铸就中华民族共同体不可缺少的重要内容，并成为中华民族共同体意识培育的强大引领力量。将壮族优秀传统文化融入大学生铸牢中华民族共同体意识，是个体

[①]　李明月．思想政治教育视阈下培育大学生中华民族共同体意识研究 [D].重庆：重庆工商大学，2022.

[②]　张晶.新中国成立 70 年来中国共产党民族政策演进的基本特征 [J].内蒙古农业大学学报（社会科学版），2020，22（4）：81-84.

自发与价值自觉、心理的内化与社会实践、课程教育与环境塑造、文化自觉与文化自信的统一。

（一）个体自发与价值自觉的统一

价值是客观实物属性与人的需求之间相互映射的一种范畴，体现了客观事物属性与人的需求之间的客观性关系。基于这个理论，大学生作为价值的主体，通过与客观事物的互动和自我反省，形成了对事物的认识，进而形成了自身价值意识。[1]大学生价值意识直接影响个人发展，使他们的价值追求呈现出自发性与自觉性的形态。

1. 个体自发与价值自觉的内涵

个体自发是指个体在没有外部强制力或指令的情况下，基于自身的内在动力和意愿自主行动。这种自发的行动往往基于个体价值观、情感需求、自我实现等内在因素。价值自觉是指个体对于自身的价值观和价值体系的认知和反思，是一种对于自身价值观的理性思考和自觉选择。

2. 个体自发与价值自觉的关系

个体自发与价值自觉之间存在着密切的关系，两者既相互联系，又相互区别。一方面，个体自发是价值自觉的重要来源。个体在自发行动中，可以更深入地了解自身的价值观和价值体系，从而促进价值自觉的形成和发展。例如，一个人在自发地参与民族文化活动时，可能会更深刻地认识文化的历史渊源，了解民族团结进步的价值所在，进而反思和修正自身的价值观。另一方面，价值自觉也可以促进个体自发的深入和持续。个体在反思自身的价值观和价值体系时，可以更清晰地了解自身的内在需求和价值追求，从而更好地指导自身的行动。例如，一个人在反思自身的价值观后，可能会更明确地认识到中华民族共同体意识的重

---

[1] 赵凤欣.泛娱乐化时代大学生价值自觉的困境及其养成路径[J].宁波职业技术学院学报，2020，24（6）：83-88.

要性，从而更自发地推动民族团结进步发展。另外，个体在自发的行动中，可以不断地完善自身的价值观和价值体系，进而在实际行动中体现出个体的价值选择和意识，促进个体自发与价值自觉良性循环。个体自发与价值自觉是相互关联、相互促进的两个方面。

3. 从个体自发到价值自觉

从个体自发到价值自觉是一个人的成长和发展中不断自我提升的过程。在这个过程中，人们需要不断提高自己的思想意识水平、增强自己的社会责任感和使命感，以更加全面、深刻和科学的方式看待和处理问题。同时，需要不断完善社会的体制机制、法律法规等，为价值自觉的实现提供更加稳定和可靠的基础。价值自觉是一种主体性思维方式，它不仅要求人们从客体的角度思考问题，还要求人们从主体的角度思考问题。从主体性思维方式出发，人们对历史和现实问题进行反思、审视和总结，形成对未来社会发展的战略思考。因此，价值自觉作为一种主体性思维方式，具有自觉性、前瞻性、批判性和超越性等特征。

4. 培育大学生中华民族共同体意识中坚持个体自发与价值自觉相统一

人的本质不是单个人所固有的抽象物，在现实性上，它是一切社会关系的总和。这意味着人是社会中的一员，个体无法脱离社会而存在，个体的价值只能在社会价值的实现中得到实现。大学生作为特定的价值行为主体，通过对价值本质的深刻理解，逐渐意识到个体自发行为的不合理性，不断追求更高的价值目标。大学生的价值自觉是在深刻认识到社会的本质和自身作为社会成员的地位的基础上逐渐形成的，他们需要逐渐认识到自己是社会的一部分。个体价值需要与社会价值相互融合。因此，大学生在价值认知方面觉醒，意识到自己的主体地位，并正确看待自身需求，拥有正确的价值观念和价值取向，同时能够理智并自觉地处理个体价值和社会价值的关系，以社会主义核心价值观为指引，将其融入自身的思想和行为中。这种价值认知的觉醒使大学生具备了明确的目标和方向，他们能够自觉地将个人的追求与社会的需要结合在一起，积极践行社会主义核心价值观。从而，他们通过自身的努力和奋斗，为社会的进步和发展，也实现了个人的价值和意义。

培育大学生中华民族共同体意识的关键在于促使个体自发与价值自觉相统一。从个体自发到价值自觉是一个逐渐发展和演变的过程，每个人的经历和时间线可能都不同，关键是要保持对自己和周围世界的敏锐性，并积极地追求更高的价值和目标。个体自发指的是大学生自己通过观察、思考和实践，认识到中华民族共同体意识的重要性，从内心深处产生对中华民族的认同感和责任感。价值自觉则是指大学生通过学习，理解中华民族共同体的核心价值观，如团结、和谐、包容等，并能主动践行这些价值观。

可见，大学生的价值自觉是大学生在对价值具有高度思辨的基础上，自觉树立正确的价值取向，培育和践行正确的价值观念，能够有效地处理个人价值与社会价值之间的关系，从而在社会责任中实现自我发展。[1] 将壮族优秀传统文化融入大学生铸牢中华民族共同体意识，有助于加强理想信念教育，培养大学生的价值自觉，优化大学生的价值选择，帮助大学生铸牢中华民族共同体意识，增强大学生的国家认同感、文化自信心和社会责任感，使他们具备内在驱动力，以及主动行动的能力，从而实现个体自发与价值自觉的统一。大学生可主动参与中华民族的发展和建设，在成长过程中逐渐形成强烈的认同感和责任感，这将有助于构建一个团结、和谐、繁荣的中华民族共同体。

---

[1] 赵凤欣.泛娱乐化时代大学生价值自觉的困境及其养成路径[J].宁波职业技术学院学报，2020，24（6）：83-88.

（二）心理内化与社会实践的统一

1. 心理内化的内涵

内化是指将外部的价值观、行为模式或思维方式等转化为内心的认知和与之相符合的内在动机。将从外界受到的刺激，如将从社会言行举止中感受到的观点和态度，与自己已有的社会认知融合，发展成为个人思维部分的过程就是内化。心理内化是指将自己所接受并且认同的新的思想和原有观点、信念结合起来，在思想观点上与他人形成一致，补充和丰富个体的思维，并逐渐将这个一致的态度体系融入自己的人格中的过程。这是一个主动的、渐进的，且不断反复的过程。只有经过内化，主体才能真正把握外部的客体，从而形成自己独特的认知方式和行为模式。内化本身是一种无意识的行为，并且是人们融入社会必不可少的一个机制。大学生中华民族共同体意识的内化过程，是思考、决策和行为的一部分，意味着他们不仅是表面上对中华民族共同体有所认同，还从内心深处根植并践行这种意识。

心理内化一般分为初级内化和次级内化。初级内化是指通过模仿和外部引导来接受和执行外部规范或行为准则。在这个阶段，个体还没有完全理解和内化外部规范的意义，仅仅是表面上遵循和模仿，这种内化更多地依赖外部的监管和指导。次级内化是指在初级内化的基础上逐渐形成对外部规范和价值观的内部化理解和认同。在这个阶段，个体开始意识到规范的意义和价值，并在思维、情感和行为上真正地内化和应用。次级内化是一个更深层次、更内在的过程，它需要个体的理解和主动参与。

初级内化可以视为内化的起点，它是从外部向内部转变的过程。而次级内化是内化的深化和巩固，个体在这个阶段能够更深入地理解和践行内化的价值观和规范。需要注意的是，内化是一个渐进的过程，不同个体在内化的速度和程度上可能存在差异。同时，内化是与个体的发展和成熟程度密切相关的，随着年龄和经验的增长，内化的水平和质量也会随之提高。总之，初级内化和次级内化起着不同的作用，前者是内化的起步阶段，后者则是内化的深化和巩固阶段。通过这个过程，个体能够真正理解和内化外部规范和价值观，并将其转化为内在来影响自己的思维、情感和行为。

心理内化的过程可以概括为社会化阶段、内化阶段和自我调控阶段三个阶段。在社会化阶段，个体通过与他人的互动和观察学习，逐渐获得社会规范、价值观和行为准则，这一阶段通常发生在儿童早期到青少年期，个体开始逐渐了解和适应社会的要求。在内化阶段，个体开始将外部的规范、价值观和行为准则内化为内心的认知、信念和态度。通过思考、反思和自我对话，个体深入理解和接受这些规范，并将其融入自己的核心自我概念中。这一阶段个体形成了内在的导向和自我标准，并在思维、情感和行为上表现出对内化价值观的自主选择，这一阶段通常发生在青少年晚期到成人期。在自我调控阶段，个体具备了自我管理和自我约束的能力。他们能够自觉地在自己的思维、情感和行为中应用内化的价值观和规范，并通过自我反省和调整来实现内在的一致性和稳定性。这一阶段个体能够更全面、灵活地应对各种情境，并根据内化的价值观来进行决策和行动。

这三个阶段并非严格区分，个体内化的过程是渐进的、连续的，而且在不同阶段，个体在内化的深度、广度和质量上可能存在差异。同时，内化的速度和水平受到文化、教育背景和个体差异等因素的影响。

2. 社会实践的内涵

实践观是马克思主义思想的核心和精髓之一，是马克思主义伟大理论的重要组成部分，它对系统地了解马克思主义、指导实践活动具有重要意义。社会实践的内涵可以理解为人类在认识世界和改造世界过程中所进行的各种活动的综合。这些活动包括但不限于认识世界、利用世界、享受世界和改造世界等。社会实践是人类对周围环境和社会现实的积极反映和参与，是人类对世界进行认知和改造的具体行动。对于高校大学生来说，社会实践具有加深社会认知、确认人生发展方向以及培养价值观等多方面的意义。马克思对社会实践的理解和规定包含了两个相互联系的含义。首先，实践是人类特有的客观活动，是人作为主体作用于世界上客体事物的实际活动，需要借助相应工具、手段和措施。旧唯物主义没有将社会生活与实践联系起来，所以受此影响的人无法认识实践对社会发展的作用，也无法理解社会的本质。其次，实践是社会的本质。社会生活在本质上就是实践，人类社会的发展和变革是通过人们的实践活动来实现的，只要通过实践，任何神秘主义的理论都可以得到合理的解决。社会规律的形成离不开人的实践，人类对社会规律的认识也离不开实践活动。①

3. 心理内化与社会实践的关系

心理内化和社会实践之间是相互关联、相互影响、相互促进的关系。心理内化是指个体通过与外部环境互动和经验积累，将外部的规范、价值观和行为准则内化为内在认知、信念和态度的过程。通过心理内化，个体能够更好地理解和接受外部世界的各种信息和刺激，并将其转化为自己的认知、情感和行为。在这个过程中，个体会根据自己的经历、经验和知识，对外部世界进行思考、判断和选择，从而形成自己独特的认知方式和行为模式。它是心理发展和个体成长的重要组成部分，在社会化和个体发展的过程中起着关键作用。社会实践是指个体或群体为了解决社会问题、满足社会需求或提升社会价值而参与社会活动的过程。他是人的本质活动，是人类认识世界、改造世界的基本方式。通过社会实践，个体能够与社会环境和外部世界进行互动，从而形成和发展自己的心理和社会能力。社会实践通过实际行动、社会互动等提供实际

---

① 郭勇，王立仁.思想政治教育意义指引的心理内化、伦理升华及实践中介路径探析 [J]. 理论导刊，2020（12）：109-114.

情境和经验，并为个体的心理内化提供丰富的素材和刺激。

心理内化和社会实践相互联系、相互促进。心理内化是社会实践的基础和前提，没有心理内化，个体就无法有效地参与社会实践。同时，社会实践是心理内化的重要途径和手段，通过社会实践，个体能够更好地理解和接受外部世界的各种信息和刺激，从而形成自己独特的认知方式和行为模式。心理内化和社会实践是相互影响、相互促进的关系，它们共同构成了人的价值观和社会发展的基本过程。通过实践活动来完成内在与外显之间的相互转化，加深个体对自身和社会的认知、理解，从而满足个体精神世界等方面的需求。

4. 培育大学生中华民族共同体意识坚持心理内化与社会实践相统一

大学生中华民族共同体意识的培育要坚持心理内化与社会实践相统一。这意味着培育共同体意识的过程中，个体要内化共同体的价值观，同时参与社会实践中。在这个过程中，心理内化和社会实践应当统一，并相互促进。首先，心理内化是培育共同体意识的基础。个体通过与外部环境互动和经验积累，将中华民族共同体的核心价值观、文化传统和认同意识内化为自身的信念和态度。这种内化能够深化个体对中华民族的认同感和归属感，使他们产生共同体意识。其次，社会实践为心理内化提供实践场景和社会互动的机会。通过参与中华民族文化传承、社会公益活动等，大学生能够深入感受中华民族的文化和精神，了解与其他民族成员共同努力、合作的重要性。这样的实践经验能够加强个体对中华民族共同体的认同和理解，并将其内化为自身的核心价值。

（三）学校教育与环境塑造的统一

1. 学校教育的内涵

教育是一种社会现象，是人类特有的遗传方式和交往方式之一，它是传递社会文化、培养新一代人才的社会创新活动，具有再生产和再创造功能。学校教育是教育的核心，是教育内容的基本载体，是实现教育目标的重要途径。学校教育是一种有目的、有组织、有计划地传授知识和技能，培养能力、品德和审美情趣，以促进人全面发展和自我完善的过程。教育作为人类独特的交往方式，不仅进行知识和技能的传递，还是人类文明传承和创新的重要手段，对于个体和社会都具有重要的意义。教育的内容指的是学校或教育机构为学生提供的学习内容和知识体系，它涵盖了各学科和领域的核心知识、技能和价值观，以及相关的教学资源和教学活动。学校教育的内容是根据教育目标和学生需求进行选择、组织和设计的，依据属性分为必修和选修环节，按专业又分为公共课和专业课等。学校教育作为主渠道在传承发展文化中发挥着不可替代的作用。

2. 环境塑造的内涵

环境塑造的目的在于为个体提供有利于发展和学习的条件，促进个体成长和综合素质全面提升。对于高校而言，环境是重要的教育资源，涉及课堂设置、教育政策、教学方法和资源配置等，创造积极的教育环境可促进学生学习、发展，全面提升学生素质。另外，改善校园风景、组织校园文化体育活动、加强第二课堂实践等可有效促进学生发展，启迪学生心智，重塑学生心灵。对环境的塑造可以营造积极的学习和成长氛围，提升学生的兴趣和学习动力，推动个体发展和综合素质提升。

3. 学校教育与环境塑造的关系

学校教育是以"教"为主的显性教育，环境塑造则是以"育"为主的隐性教育。学校教育与环境塑造相辅相成、深入融合，逐步形成了"教育"。一方面学校教育的内核也是环境塑造的核心内容，学校教育主要通过传播知识、培养能力，来提升学生素养，侧重知识性。另一方面，环境塑造是学校教育的延伸，潜移默化地引导学生、感染学生，因此其更侧重具身性、情感性、体验性。

4. 培育大学生中华民族共同体意识坚持学校教育与环境塑造相统一

培育大学生中华民族共同体意识需要将学校教育与环境塑造相统一。要基于中华优秀传统文化的有机融入，坚持学校教育与环境塑造相辅相成，共同促进大学生的全面发展，切实增强大学生价值认同。[①] 新时代高校大学生中华民族共同体意识培育需要依靠优秀传统文化的持续赋能。在学校教育方面，学校可以开设相关的专业课程和选修课程，如中国历史、中国文化、民族优秀传统文化等，以加深学生对中华民族的认知和理解。这些课程可以传授相关知识，培养学生对中华优秀传统文化的兴趣和自豪感，促使他们形成对中华民族的认同和归属感。学校教育也应注重培养大学生的核心价值观和社会责任感，强调民族团结、文明互鉴、共同发展等思想。通过课程的设计和教学方法的引导，激发学生心中的共同体意识，培养他们关心国家和民族发展、参与社会实践的意识和能力。环境塑造方面，则可以通过打造校园文化、推动校园活动和社团组织等方式来强化大学生中华民族共同体意识培育。学校可以组织各类宣传活动、文化节庆典、传统节日庆祝活动等，加强对中华民族文化的宣传和传承，同时倡导民族团结、跨文化交流和合作。此外，为学生营造良好的校园文化氛围，促进不同地区、不同民族学生之间的交流与了解，可增强他们的文化认同和共同体意识。学校可以设立相关的社团组织、志愿者服务团队，提供走进社区服务的机会，让学生在实践中感受中华民族共同体的意义和价值。通过将学校教育与环境塑造统一起来，贯穿中华民族的历史、文化、价值观等教育内容，可使中华民族最基本的文化基因与当代文化相适应，有效培育大学生的中华民族共同体意识。学校教育引导学生深入了解和体验中华民族的文化传统，环境

---

① 王丽，代宏丽.内蒙古高校大学生铸牢中华民族共同体意识的路径探析 [J]. 北方民族大学学报，2022（6）：170–176.

塑造则通过校园文化和活动创造共同体意识氛围。两者相互配合，为大学生的认同意识和全面发展提供有力支持。

（四）文化自觉与文化自信的统一

1. 文化自觉的内涵

文化自觉是指个体或群体对于自身文化的认同和理解，是一种自我意识的觉醒和文化自信的表现。文化自觉建立在对"根"的找寻与继承上，是一个群体或个体对自身文化的认同和自觉感知，它包含了文化认同、文化自信、文化保护与传承、文化对话与交流等四个方面的概念，是一种主观认识。它既包含了对自己文化的正确认识，又体现了对其他文化的理解和认识。文化自觉是对自身所属文化的认同和认知，这种认同体现为群体或个体对自己所属文化的价值观、信仰、传统、习俗等的认同感，它使人意识到自己的文化身份，并引发对这种文化的关注和思考。文化自觉还包含对自身文化的自信心态，它体现为对自身文化的认可和自豪感，相信自己所属文化在价值观、思想、艺术等方面具有独特的贡献和魅力。同时，文化自觉使个体和群体更加警觉和敏锐，意识到自己所属文化面临的挑战和威胁，积极采取行动保护和传承自己的文化遗产，这包括传统的价值观念、语言、习俗、艺术等方面的传承工作。文化自觉也鼓励不同文化之间的对话和交流，它有助于人们认识到文化的多样性和互补性，鼓励开放心态，尊重他人的文化差异，促进不同文化之间的相互尊重、理解和合作。文化自觉有助于个体和群体在多元文化环境中找到自己的位置，促进文化的多元共融和社会的和谐发展。

2. 文化自信的内涵

文化自信是指个体或群体对自身所属文化的自信心态和自豪感，它表达了对自身文化的认同、肯定，以及对其独特价值和贡献的自信信念和对未来的展望。

党的二十大报告就推进文化自信自强、铸就社会主义文化新辉煌提出明确要求、作出重大部署。① 文化自信支撑着道路自信、理论自信、制度自信，是把我国建设成社会主义文化强国和实现中华民族伟大复兴的内在要求和更基本、更深沉、更持久的精神力量。文化自信表现为个体或群体对自身所属文化的认同，这种认同是对文化的根源、历史、传统、价值观等方面的肯定。个体或群体相信自己所属文化在人类历史和文明进程中具有独特而重要的地位和贡献。文化自信体现为对自身文化的自豪感，个体或群体因为自身所属文化的卓越成就、丰富内涵等而感到自豪。文化自信要求个体或群体以积极的态度来传承和弘扬自身的文化遗产，通过创新和发展，使文化与时俱进，并与当代社会的需求和发展相结合。文化自信也能够促进不同文化之间的对话与交流，是个体或群体在面对多元文化环境时需具备的一种积极态度和心态，促使个体或群体坚定地传承、弘扬和发展自身文化，并与其他文化进行对话与交流。文化自信有助于个体或群体建立对自身文化的认同和自我认知，推动文化的多元共融与社会的和谐发展。通过坚定文化自信，中国共产党领导全国人民不断掀起社会主义文化建设高潮，朝着社会主义文化强国目标努力。

3. 从文化自觉到文化自信

文化自觉是指个体对自身所处文化环境进行认知、理解和自我反省的过程。在这一过程中，个体通过深入学习、思考和对话，逐渐发展出对文化的自觉性，即对文化价值观、符号体系、意义生成等方面的理解和反思。文化自觉的提升是一个渐进的认知过程，随着个体认知能力和文化素养的提高，其文化自觉度也会逐渐提高。中国人民的文化自信是在对中华文化深入了解、传承推广的文化自觉过程中逐渐形成对文化的内心认知，表现为对中华文化的高度认同和充分肯定。为了更好地理

---

① 习近平.高举中国特色社会主义伟大旗帜 为全面建设社会主义现代化国家而团结奋斗：在中国共产党第二十次全国代表大会上的报告[J].创造，2022，30（11）：6-29.

解这一点，可以回顾中国近代文化自觉的艰难认识和探索历程。近代以来，由于西方文化的冲击，中华文化遭遇了前所未有的挑战和危机，一些仁人志士开始对中华文化进行反思和审视，寻求传统文化与现代社会的结合点和发展方向。在这个过程中，涌现出各种观点和理论，如中西文化融合、西方文化借鉴、全盘西化、儒学复兴、创新综合等。这些观点和学说在中国社会的发展中产生了一定影响。随着马克思主义诞生和进入中国，中华民族在精神上实现了由被动到主动的转变，对马克思主义理论的掌握和运用使中国人民开始审视和思考自身的文化现状，逐渐认识到中华文化的独特性和价值。马克思主义中国化的过程也是文化传承的过程，呈现了从文化的不自觉到自觉，再到自信的发展历程。马克思主义的思想、理论和方法论的运用，让中国人民深刻认识到了中华文化的博大精深，逐渐建立起对自身文化的自信和自觉，在推动文化的传承发展和创新中形成了对中华文化的深刻认同。

文化自觉和文化自信之间只有一个字的差别，但它们代表着从认知到自信的转变过程。文化自觉是对自身所处环境的认知和觉醒，是对自身文化面临的挑战和威胁的意识。文化自信源起于马克思主义中国化的具体实践，是在不断地探索和研究中锤炼出来的。文化自信不只体现为理论层面的认识，关键在于在新时代怎样实践。因此可以说，文化自觉是前提和基础，文化自信是建立在文化自觉之上的，文化自觉与文化自信之间的转变反映了个体或群体从被动到主动、从无知到有知的心理和认知上的变化。[①]

文化自信源于中华五千年的历史传统，以及深深扎根在民族灵魂深处的文化，其中蕴含的丰富哲学思想、人文精神、道德理念等，是中华民族的"根"与"魂"，积淀着中华民族最深沉的精神追求与价值理想，

---

① 王俊斐.中国共产党对传统文化的态度演变及经验研究[D].贵阳：贵州师范大学，2016.

也是文化自信的根本和底气所在。①

4. 培育大学生中华民族共同体意识坚持文化自觉与文化自信相统一

中华文明有着悠久的历史文化传统，注重文化自觉和自信，因此在外来文化的冲击下，中华民族始终保持对自身文化的自觉认同和自信心态。通过吸纳外来文化元素、驱动科技进步、促进经济繁荣等方式，中华文明保持了与时俱进的能力，不断促进文化的传承与发展。这种自觉与自信使中华文明了具有韧性和适应性，这种创新与融合使中华文明保持了活力，并赋予其与其他文明相互交流和对话的能力，而且这使中华文明得以在历史的长河中不断发展，对世界文明进程产生了积极影响。

培育大学生中华民族共同体意识，要坚持文化自觉与文化自信相统一，加强中华民族历史和文化教育，具体可通过开设相关课程、组织文化活动，向大学生传授中华民族的历史和文化知识，使他们对自己的文化有更深入的了解和认知。弘扬民族优秀传统文化，推动大学校园内各民族传统文化研究与传承，激发学生对优秀传统文化的兴趣和热爱。

鼓励学生参与文化保护与传承活动，积极参与本地、民族文化的保护与传承工作，增强他们的责任感和使命感。从中国特色的农事节气，到大道自然、天人合一的生态伦理；从各具特色的宅院村落，到巧夺天工的农业景观；从乡土气息的节庆活动，到丰富多彩的民间艺术；从耕读传家、父慈子孝的祖传家训，到邻里守望、诚信重礼的乡风民俗等，都是中华文化的鲜明标签，都承载着华夏文明生生不息的基因密码，彰显着中华民族的思想智慧和精神追求。②文化传统的传承，更重要的是植根于普通百姓一代一代日常生活经历中的言传身教。通过组织学校内

---

① 樊亚平，白真，谢佩尧，等.文化分层视角下国家非物质文化遗产研究：以晋南威风锣鼓为例[J].辽宁体育科技，2022，44（5）：91-96.
② 欧阳雪梅.振兴乡村文化面临的挑战及实践路径[J].毛泽东邓小平理论研究，2018（5）：30-36，107.

外的跨文化交流和对话活动，鼓励学生与不同地域、民族的学生交流并了解其他文化，培养他们的开放心态和跨文化交流的能力。要在教育中强调文化自信和文化自觉的重要价值和意义，帮助学生深刻认识和了解民族文化的价值和贡献，培育学生对中华民族文化的认同和自豪感，提升他们的文化自觉性，促进他们积极参与传统文化保护和传承活动，同时培养他们开放包容的跨文化视野，促使他们坚定对中华民族文化的自豪感与自信心，进而有效培育大学生文化自觉。

二、壮族优秀传统文化融入大学生铸牢中华民族共同体意识的主要内容

将壮族优秀传统文化融入大学生铸牢中华民族共同体意识，需要深入挖掘相应的育人元素。壮族优秀传统文化中蕴含着对伟大祖国、中华民族、中华文化、中国共产党、中国特色社会主义等的认同，这是壮族优秀传统文化融入大学生铸牢中华民族共同体意识培育的主要内容。

（一）壮族优秀传统文化蕴含对伟大祖国的认同

我国的基本国情是统一的多民族国家。爱国主义是民族精神的核心，是对祖国和民族的深厚情感，体现了个体对国家繁荣、社会进步和民族复兴的关切与贡献，是中华民族凝聚力和认同感的重要精神纽带。壮族人民与各民族人民一道，共同缔造了伟大祖国，共同捍卫了祖国统一。壮族优秀传统文化中的自强不息、和谐共济、扬善弃恶、爱国守土等思想深受中华民族古代圣贤哲学思想的影响，既是古圣先贤和仁人志士的精神继承，又是革命先烈的理念传承，承载了壮族人民对美好生活的向往，并代表着对伟大祖国的认同和热爱。这些元素共同构成了爱国主义的丰富内涵。

1."骆越文化"中蕴含对伟大祖国的认同内容

"骆越"源自中国南方地区，主要分布在现今的广东、广西、湖南等地。"骆越文化"是古代中国南方地区的一种重要文化遗产，是"百越文化"的核心部分，是壮族的精神家园，是中华文化的重要源头之一。① 这些地区处于中华民族的传统边疆地带，作为中华民族的一支，有着丰富的神话传说和史诗故事，描述了广袤的祖国山河和人民英勇爱国的事迹。在当地举行的"三月三"歌圩节、"四月四"骆越文化旅游节等，是骆越文化的重要载体，其诞生和发展与中华民族的历史发展有着密切的联系。骆越文化中蕴含对伟大祖国的认同主要表现在地域、民族、文化历史和神话传说等方面。

2.布洛陀神话中蕴含对伟大祖国的认同内容

布洛陀，是广西壮族优秀传统文化的典型代表，2006 年被列为第一批中国国家非物质文化遗产，彰显了壮族丰富多元的文化特色。布洛陀神话作为媒介，世代传承着壮族人民的共同信仰和美好愿景。布洛陀神话在口头传唱的过程中融入了不同时期中华民族文化、历史的丰富内容。在《布洛陀》史诗中出现了对统治者不同层级的称谓，如"皇帝""王""土司"等以及"国家"等概念。"中国""中华民族"等国家观念在壮族人民的思想意识中扎根、发芽，逐步成为他们价值观中的一部分，并成为壮族人民国家认同的重要准则。由此可见，壮族人民不仅接纳了中原王朝的政治体制，明确了层级差异，还接受了中原王朝的领导和管理，将中国视为"大家庭"，将皇帝视为国家中最位高权重的统治者，将中华民族各民族视为"共同体"，且将本民族视为"大家庭""共同体"的一部分。正是布洛陀神话传说的传承和发展培育了壮族人民的家国情怀，孕育了国家认同感，使其对"中国"这一国家观念

---

① 罗彩娟."骆越古国"遗址与中华文化源头：壮族国家认同的路径 [J].贵州大学学报（社会科学版），2019,37（6）：107-113.

和祖国的认同日益增强。

3.壮族民间文学中蕴含对伟大祖国的认同内容

壮族民间文学大部分都表达了对祖国的热爱和赞美，蕴含着丰富的家国情怀。其中歌颂祖国山川美景、丰饶土地和多民族融合的内容不仅是壮族人民民族自豪感和归属感的表现，还展现了他们对国家的认同和对和谐社会的向往。文学之间的相互渗透和相互促进更为明显，广西各族民间文学中的故事，展现了广西各民族相似的历史过程，并证明了各民族文化和意识之间相互影响和交融。壮族民间故事《马骨胡之歌》就充分体现了团结一致共渡难关的家国情怀，这一故事由汉族故事《玉钗记》改编而成，其巧妙地化解了民族隔阂，宣传了民族团结，弘扬了家国情怀。此外，对祖国的认同还体现在壮族口头文学的叙事情节设计中，如神话《神弓宝剑》里提到中原汉族先民与西瓯、骆越等不同族群，彼此保持着密切联系和友好往来，虽受挑拨但他们最终破除敌人诡计，各民族之间世代交好，谁也离不开谁，充分体现了民族之间坚不可破的情谊和家国情怀。

（二）壮族优秀传统文化蕴含对中华民族的认同

中华民族是一个由众多民族构成的命运共同体，在漫长的历史进程中，壮族和其他各民族一道共同开发了祖国的锦绣河山和中华民族广袤的疆域，建设了繁荣的社会和灿烂的文明，共同丰富了中华民族的文化瑰宝。壮族人民把自己的命运同中华民族的命运紧紧连在一起，同呼吸、共命运、心连心，与各民族共同缔造、发展、巩固统一的伟大祖国，共同交融汇聚成多元一体的中华民族。

1."方块壮字"中蕴含对中华民族的认同内容

方块壮字，即古壮字，是壮族在学习和掌握汉字的基础上创造的用于记录壮语的书写形式。古壮字的构造方式，是借汉字或汉字的偏旁部首，模仿汉字六书中的方法，创造性地表达了壮语语音与意义。方块壮字作为壮族文化吸收中华文化后的重要创造，还被广泛应用于壮族民间记录经文、神话、故事、歌谣、剧本、家谱等，尤其是布洛陀史诗手抄本的记录传承。方块壮字的使用，还让壮族先民能够通过科举考试更好地融入中华民族大发展之中，这不仅推进了壮族文化与中华文化的交流融合，还充分体现了壮族文化对中华民族的认同。

2. 民间"神话故事"中蕴含对中华民族的认同内容

在壮族民间神话故事中，诸多神话人物都体现了对中华文化的吸收和借鉴，有的直接引用汉族神话故事形象，如玉皇大帝、太白金星等；有的结合地域特点转化角色，如神农被称为神农婆；有的直接起源于中华民族神话系统，如混沌初开，有"天地混沌如鸡子，盘古生其中"之说。① 伏羲、女娲等神话人物在壮族文化中扮演着重要的角色，他们被认为是中华民族文化和智慧的象征。壮族神话中的神灵和中华民族各族群的神灵共同构成了中华民族独特的神话世界。可见，壮族先民在与汉族等中华民族其他先民相处的过程中，通过吸收借鉴优秀文化来丰富壮族神话人物，寓理于情，潜移默化地塑造自身世界观和价值观，同时使壮族文化既保持本族特色，又吸纳了新的文化精粹，别具风格，更进一步加深了对中华民族文化多元一体的认同。

3. "花山岩画"中蕴含对中华民族的认同内容

花山岩画是位于广西壮族自治区崇左市宁明县花山屯附近左江岸边延绵200多千米的一处岩画，2016年列入世界文化遗产名录，从壮族的民间地域文化上升为中华民族共同的文化遗产。花山岩画绘制于战国至东汉时期，距今已有2 000多年的历史。这些岩画以人像和兽像为主，所有人像的面部都为红色，画面气势恢宏。研究发现，左江花山岩画的内容与东南沿海古代越人、西南濮人和左江区域早期人群都有文化

---

① 黄中习.《布洛陀》壮族的复合型史诗 [J].桂林师范高等专科学校学报，2017，31（4）：56-60.

渊源，岩画的主题是蛙图腾崇拜，这反映出了南部边疆地区各民族的交往、交流和交融，以及区域文化统一性的形成历史图景。花山岩画作为南部边疆地区古代人类活动的产物，记录了当时社会的生活状态和人们的信仰，吸收了仰韶文化蛙图腾崇拜的元素，并形成了独具地域特色的文化。① 花山岩画反映了古代岭南地区壮族先民的宗教信仰、文化传统和社会生活，承载了中华民族的文化积淀和历史记忆，是中华民族文化传承的重要一环。其蕴含对中华民族的认同体现为它是文化传承与历史记忆的载体、对土地与自然崇拜的表达等，同时它是中华民族多元文化的重要组成部分，也见证了中华民族的文化传统和历史发展。

（三）壮族优秀传统文化蕴含对中华文化的认同

文化是一个国家、一个民族的灵魂，是独有的精神标识，文化认同是深层次的认同，是民族团结之根、民族和睦之魂，壮族优秀传统文化作为中华文化的重要组成，蕴含着丰富的中华文化元素。中华文化融汇了多元的民族文化，集各民族文化之大成，承载着中华民族最深层的精神追求。它是中华民族自信、自尊和自强的源泉，是中华民族独特的精神标识。各民族团结互助、互学互鉴、共同繁荣，为中华民族的生生不息和发展壮大提供了丰厚的精神滋养。

1.“蚂拐文化”中蕴含对中华文化的认同内容

蚂拐文化在壮族优秀传统文化背景下产生，充分体现了壮族蚂拐文化的原始信仰内涵，包含着壮族人民自觉吸纳中华文化精华化为民族文化的开放观念与行动。② 蚂拐是壮族传说中的青蛙女神，掌管着风雨和丰收，是壮族人民心中的神灵。蚂拐节是壮族人民重要的传统节日，又

---

① 韦福安，么加利.从左江花山岩画文化看中国文化统一性[J].广西民族研究，2022（2）：166-173.

② 聂春丽.壮族“蚂拐”文化的经济价值研究[J].玉林师范学院学报，2017，38(6)：43-45，64.

叫"青蛙节""蛙婆节"，通常在每年农历正月初一至三十日举行。在蚂拐文化中，壮族人民通过祭祀、歌舞、戏曲等形式，祈求风调雨顺、五谷丰登，表达了对自然和生命的尊重和感恩，这些形式都是中华文化中重要的元素，反映了壮族人民对中华文化的认同和接受。蚂拐文化体现了中华文化中"天人合一"的思想，反映了壮族人民对自然和生命的敬畏和追求，同时也反映了人类与自然之间的和谐共生关系，以及他们对和谐社会的向往和追求。蚂拐为壮族先人视为具有勤劳奋进、包容豁达、惩恶扬善等的高尚道德情操的图腾来崇拜，而这正是中华文化所具有的内涵特征，充分展现了对中华文化的认同。这种文化在壮族地区得到了广泛的传承和发扬，同时也对周边地区的文化产生了影响，成为中华文化宝库中的珍贵财富。

2. "铜鼓文化"中蕴含对中华文化的认同内容

铜鼓是中华民族悠久历史文化的结晶，广西是出土和收藏铜鼓最多、最齐全的地区，被称作"铜鼓之乡"。壮族的铜鼓文化既包含了壮族人民独特的信仰崇拜，也融合了儒家文化中的礼乐制度，在劳动人民的生产生活中不断衍生出新的功能和形态，是壮族先民智慧的象征，体现了中华文化多元一体的格局。壮族铜鼓是集冶金、铸造技术、美术雕刻、音乐文化成就于一身的礼乐器，是青铜文明的"活化石"。壮族铜鼓习俗是首批国家非物质文化遗产。

铜鼓象征着力量、权威，神圣并富有魅力，寄托着壮族人民的美好希望，传承了中华文化中的重要元素。铜鼓是壮族民间文化的重要载体，其制作、使用和传承遵循着一定的规范和仪式。例如，铜鼓面带浮雕图案，中心为月光形，边缘为蟾蜍，铜鼓的铸造和使用必须尊重祖先遗训，传承历史记忆，弘扬民族精神，这些都是中华文化中的重要元素。每逢"三月三"、春节等节庆，壮族群众都会敲响铜鼓，载歌载舞。铜鼓文化将壮族音乐元素融入中华文化音乐体系，同时吸收和融合了各民族的文化元素。铜鼓文化逐步成为壮族人民团结和认同中华文化的重要纽带，这种认同不仅促进了中华文化的多元发展，还强化了民族间的交流与融合。

3. 壮剧中蕴含对中华文化的认同内容

壮剧是壮族戏曲剧种的统称，是一种集壮族民间文学、壮族民歌、壮族舞蹈为一体的综合艺术，较为完整地保留了壮族的原生态文化元素，被誉为壮族文化的"活化石"。壮剧生于民间长于民间，深受壮族人民的喜爱，具有广泛的群众基础，是第一批国家非物质文化遗产。壮剧是在壮族民间文学、歌舞、说唱艺术的基础上，受到汉族民间艺术和戏曲的影响，由 7 种不同戏剧发展形成的，所以壮剧具有其他戏曲所不具有的复杂性和多样性。[①]

壮剧吸取了中华文化各剧种的艺术养分，在壮族民间歌舞等的基础上形成发展起来，是壮族传统戏曲艺术的代表。它发展至今，以娱人为主，表演角色主要有生、旦、老、武、丑等行当，不仅吸收了中华文化各个剧种的艺术元素，还融合了壮族民间文化、民族特色和地方风情，这使得壮剧成了民族文化交流融合的生动体现。壮剧的表演形式和内容都体现了对中华文化的一脉传承，在表演形式上融合了汉族的戏曲艺术，又保留了壮族自身的民间文学、歌舞和说唱技艺，内容注重讴歌真、善、美，鞭挞假、丑、恶，符合中华文化道德规范的内容。壮剧的题材内容也展现了中华文化的深厚底蕴，如反映壮族男女青年追求真挚爱情的《山伯访友》，期盼公平正义的《龙图公案》，在剧情构建和角色塑造中，常常能够体现中华文化中的传统价值观，如家庭观念、孝道、勤劳和正义感等。

---

① 董迎春，覃才.《牵云崖》对现代壮剧探索的启示 [J]. 当代戏剧，2019（6）：19-21.

（四）壮族优秀传统文化蕴含对中国共产党的认同

中国共产党领导是各民族大团结的根本保证。坚持中国共产党这一坚强领导核心，是中华民族的命运所系，只有中国共产党才能领导中华民族大团结。广西为红色热土和革命圣地，为了国家和民族独立和解放事业，广西壮族人民与各族人民同心协力，守望相助，共同抵抗外来侵略、共纾国难，同时坚定信念、英勇奋斗、无私奉献，共同创造了中华民族艰苦奋斗、壮丽辉煌的伟大史诗。

1."红色文化"中蕴含对中国共产党的认同内容

广西红色文化资源丰富，有84个县被列入革命老区范围，作为红色热土、革命圣地，曾爆发过百色起义、湘江战役、龙州起义等重要的革命战役，涌现出韦拔群、李明瑞和开国上将韦国清等众多英勇的壮族儿女，他们在中国共产党的领导下，传承民族精神和红色血脉，展现了壮族人民对民族独立和人民解放事业的坚定决心，以深厚的家国情怀为中华民族团结作出了卓越贡献，铸就了不朽丰碑，促成了坚定中国共产党领导的红色民族文化基因。

广西原创民族音乐剧《血色湘江》就有"英雄血染湘江渡，江底尽埋英烈骨。三年不饮湘江水，十年不食湘江鱼……"的动人唱段。①《红色传奇》作为广西党史教育特色教材，有助于加深人们对红色历史的眷恋和信仰，深化人们对中国共产党的坚定认同。

2."壮族"名称的由来蕴含对中国共产党的认同内容

壮族是中国少数民族中人口最多的一个民族，是由中国古代南方越人部落发展而来，与南方各部族广泛交流与融合。壮族称呼因地而异，有"布爽""布壮""布侬""布曼"等20余种。壮族的旧称是僮（zhuàng）

---

① 董迎春，覃才.红色经典的艺术探索与价值：以《血色湘江》为例[J].南方文坛，2021（5）：186-189.

族，后在周恩来总理的提议下，由"僮族"改为了"壮族"。这一改变反映了我国对民族名称的规范化，以及对民族历史和文化的准确认知。"壮"有"健壮、茁壮"之意，"壮族"这个名称更好地反映了壮族人民的身份认同和文化特征。由此可见，"壮"寄托了中国共产党的美好期盼，更彰显了民族平等的中国特色社会主义文化内涵。

3."壮族文字"中蕴含对中国共产党的认同内容

"古壮文"是借助汉字六书的构字方法进行再创造，以两个汉字组合而成，古壮文既反映了其作为一种民族文字的历史存在及作用，又表明壮族的语言文字历史悠久。[①]但由于历史的原因，这种古壮文主要用于记事、书写经书，民间艺人编写剧本和山歌等，其书写较为复杂，不易学习和传播，导致了人民使用面不广。民族文字是少数民族日常生产生活重要的交际工具，是民族文化的载体，是民族情感的纽带，是民族自尊的表现，党和国家高度重视。壮族是我国人口最多的少数民族，壮语是壮族人民世代使用的母语，但很长一个历史时期，壮族基本处于只有语言没有统一、合法文字的状态，中华人民共和国成立后，党和政府根据壮族文化传承需要，提出了帮助壮族人民创制和改革文字的要求。

1957 年 11 月 29 日，国务院第 63 次全体会议审议通过了《关于讨论壮文方案和少数民族文字方案中设计字母的几项原则的报告》，批准了《壮文方案》并在广西全面推行学习和使用至今。从此，壮族人民拥有了属于自己的统一、合法的文字。《壮文方案》在壮族地区的推行使用，充分体现了党和国家民族平等、语言文字平等的一贯政策，提升了壮族人民的民族自豪感和凝聚力，促进了民族文化繁荣，增强了壮族人民对党和国家的认同 。

---

① 杨小燕，梁金凤.壮族、布依族新发现古文字和水书的初步比较[J].百色学院学报，2020，33（2）：9-16.

（五）壮族优秀传统文化蕴含对中国特色社会主义的认同

只有中国特色社会主义才能凝聚各民族力量，它强调各民族共同繁荣发展，促进各民族团结进步，因此只有带领各族人民坚持和发展中国特色社会主义才能实现中华民族伟大复兴。中国特色社会主义文化源自数千年中华文明发展历程，各民族共同的文化认同和精神纽带所孕育的中华优秀传统文化凝聚了全国各族人民的共同价值观、道德风尚和精神追求。作为中华民族的精神家园，中国特色社会主义文化凝聚着中华民族的文化基因和时代精神，植根于中国特色社会主义伟大实践之中，是推动中国特色社会主义事业发展的重要力量。壮族优秀传统文化是中国特色社会主义文化的重要组成内容。

1. 壮族"三月三"蕴含对中国特色社会主义的认同内容

"三月三"堪称"广西第一节"，具有浓厚的民族文化特色和地域特点，是展现民族文化魅力、促进民族团结、凝聚发展动力的盛会，是中国特色社会主义文化的重要组成部分，2014年被列入国家级非物质文化遗产代表性项目名录。"壮族三月三"已然成为壮族文化品牌，蕴含着壮族人民对社会主义美好生活的追求，新时代又赋予了"民族文化+"旅游、创意、科技融合发展优势，体现了中国特色社会主义制度对民族优秀传统文化的尊重和共同繁荣发展的时代主题。[①]"壮族三月三"是少数民族和汉族文化"你中有我、我中有你"的生动例证，是中华民族交往交流交融的历史缩影。壮族"三月三"歌圩节每年举办时间正值春耕前夕，其寓意为敬畏自然、祈求风调雨顺、五谷丰登、国泰民安。

2. 壮族民歌文化蕴含对中国特色社会主义的认同内容

源远流长、丰富多彩的壮族文化孕育了壮族民歌这一独特的原生态

---

① 方素梅. 构筑中华民族共有精神家园的生动实践：广西"壮族三月三"的创新与发展 [J]. 广西民族研究，2022（5）：1-10.

文化景象。壮族民歌种类繁多、形式多样，具有较强的教化功能，从内容和形式来看，主要有古歌、叙事长歌、劳动生活歌、时政歌、仪式歌、情歌、童谣等，壮族民歌是壮族人民以歌会友、以歌传情的一种生活方式。① 壮族民歌具有高度的思想性和深刻的人民性，既表现了人对自然、生活的感悟和反思，也涉及社会发展、民族团结等方面的重要主题，是壮族劳动人民生活经验、思想精神和家国情怀的结晶，是壮族人民在长期生活实践中所创造的社会主义精神文明的一种形态。壮族民歌类型繁多，但传唱之时都要遵守约定俗成的文化礼仪规范，通过民歌传唱宣传党在农村的各项方针、政策，铸牢中华民族共同体意识，营造健康向上的民族文化氛围。以民歌文化为重要"推手"，从民族交流、文化自信、道路认同等方面，打造"广西民歌节"等民族文化品牌，强化中国特色社会主义发展道路认同，实现民歌文化多维度空间拓展、多元化面向展示、多层次有机融合，以积极推动中华民族共同体意识的培育，通过原汁原味的民族精神力量凝聚起对中国特色社会主义的高度认同。

3.刘三姐文化蕴含地对中国特色社会主义的认同

刘三姐文化是广西的一种民间文化，它以来源于广西壮族民间传说人物刘三姐为载体，包含了民间传说、歌曲、舞蹈等多种形式。刘三姐的形象被塑造成聪明、机智、勇敢、善良的女性，她以歌唱的方式表达了人们对自由、平等、爱情的渴望和追求。同时，刘三姐的形象也被广泛运用于电影、电视剧、音乐、舞蹈等艺术形式中，成了中华文化的一个重要符号。② 刘三姐歌谣2006年被列入第一批国家级非物质文化遗产名录。

刘三姐文化的核心要素是劳动人民反抗阶级压迫，对美好生活的向

---

① 张妙影.广西壮族民歌的民族文化内涵研究[J].大众科技，2020，22（12）：144-146.

② 章昌平，董译升，黄爱荣，等.《印象·刘三姐》铸牢中华民族共同体意识的探索：历史过程、实践逻辑与未来图景[J].民族论坛，2023（1）：3-12.

往与追求，与中国特色社会主义奋斗目标完全一致。其充满了机智、诙谐的元素，反映了广西壮族和其他少数民族的文化共同特点和内涵。刘三姐文化包含了中华优秀传统文化的价值目标，符合人民对美好生活的向往。站在新时代的前沿，人们要抓住刘三姐文化的内涵，在努力实现中华民族伟大复兴中国梦的过程中，培育中华民族共同体意识，把各民族共同创造的中华文化传承好、发展好，坚定走中国特色社会主义道路。

三、壮族优秀传统文化融入大学生铸牢中华民族共同体意识的载体

坚持以立德树人为根本，通过打造课程载体、文化载体、实践载体、网络载体、管理载体，创新壮族优秀传统文化融入大学生铸牢中华民族共同体意识培育的载体，帮助大学生更好地了解、认同和传承自己的文化传统，也有助于加强各民族学生的交流与互动，帮助铸牢中华民族共同体意识。

（一）挖掘壮族优秀传统文化的教育元素，构建课程载体

可通过挖掘壮族优秀传统文化中的民族团结进步教育元素，建设课程资源，构建中华民族共同体意识培育课程载体，实现教育资源的课程化。具体来说，将壮族民族文化中的团结进步元素融入中华民族共同体意识培育主干课程、特色课程，以及"第二课堂"课程，通过系统构建课程体系，以实现壮族优秀传统文化在高校人才培养中的全覆盖。进行课程设计时，可以将民族文化元素融入育人全过程，通过课程载体的建设，学生可以在不同层次、不同专业的课程中学习和认知壮族优秀传统文化，更好地实现壮族优秀传统文化与中华民族共同体意识的有机融

合，促进文化传承与创新，由此加深中华文化认同。

1. 寓壮族文化元素于中华民族共同体意识培育主干课程

将壮族文化元素融入中华民族共同体意识培育的主干课程，在文化传承、价值引领、品格塑造、情感熏陶、人文素质培育等方面起着不可替代的作用。学校可通过积极组建团队，建设中华民族共同体意识教育课程，寓壮族民族文化元素于中华民族共同体意识培育之中。学校还要打造中华民族共同体意识培育的主干课程，主干课程以文、史、哲、艺等通识课程为主。在此基础上，学校可构建理论类课程群、鉴赏类课程群、实践体验类课程群、创意表达类课程群等，寓壮族文化元素于主体课各单元章节之中，以点带面，面面俱到，做到文、史、哲、艺通识选修课程壮族文化元素全覆盖。

从立德树人角度确立相关主题，组织课程教学单元，各单元既相对独立，承担民族文化传承，又一脉相承，共同肩负中华文化传承、价值引领、品格塑造等使命。学校要开设壮族历史和中华文化发展等课程，并在核心课程中引入壮族文化相关概念和传统文化习俗等内容，使学生了解壮族的源流和发展过程，掌握壮族的传统文化、习俗和传统艺术形式等重要元素；要介绍壮族的社会组织形式、生活习俗、民居建筑等方面内容，帮助学生了解壮族社会结构和传统生活方式。可以将壮族民间文学、诗歌、故事等纳入课程教学内容，让学生了解壮族文学的特点，了解壮族艺术的表现形式和内涵，以增强学生对壮族文化的认知和理解，有助于培养学生对中华民族"多元一体"文化的尊重和包容意识，促进中华民族共同体意识的形成和发展。学生可通过核心课程的学习深入了解和体验壮族文化的历史传承与文化渊源，增进对中华民族共同体意识的认识，坚定文化自信。

2. 寓壮族文化元素于中华民族共同体意识培育特色课程

如果说中华民族共同体意识培育的主干课程主要基于文、史、哲、艺学科，那么中华民族共同体意识培育的特色课程包含除此之外的经济、政治、管理、理、工、农等学科。要在中华民族共同体意识培育中凸显壮族文化元素的特色，学校可以设计特色课程，以深入探索和传承壮族文化。实际过程中，学校要基于这些学科课程，充分挖掘壮族文化融入中华民族共同体意识培育的资源，彰显民族文化元素，培育学生的文化自信、家国情怀、民族精神等价值观念，加强民族元素和专业知识互融互通。另外，教学应注重"知识传授与互动、课程考察与实习、学术研究与创新"等形式多样性，教学模块兼具"人文性、科学性"，教学内容融入"地域性、民族性、校本性"元素，教学环节突显"思想性、鉴赏性、实践性、创新性"，从而构建系统、全面的中华民族共同体意识培育课程体系。通过特色课程拓宽学生对壮族文化的理论认知和实践理解，促进学生对多元文化的尊重和包容，进一步铸牢中华民族共同体意识。

3. 寓壮族文化元素于中华民族共同体意识培育"第二课堂"课程

中华民族共同体意识培育要加强"第二课堂"课程建设，基于"第二课堂成绩单制度"，落实"第二课堂"学分。在课程模块中，增设"中华民族共同体意识培育"内容，将壮族文化元素融入中华民族共同体意识培育"第二课堂"课程中，在第二课堂教育过程中坚持"知行同频共振"。可以说，"知行合一"是打通中华民族共同体意识培育中各个环节的关键要素，要把中华民族共同体意识培育置于更大格局的人文素养和审美素养教育中来看，在"知行合一"中全面加强壮族文化深度体验。学生可结合第一课堂相关知识，通过参与富含壮族文化元素的中华民族共同体意识培育讲座、展演、竞赛、活动等第二课堂活动，获得不同分值的"第二课堂"学分，从而积极进行民族文化实践体验，将理论与实践结合起来，学以致用。学校要促进第一课堂课程教学与第二课堂实践拓展同频共振，为学生提供多元化的发展方向，在知行合一中全面发挥育人功能，进一步实现中华民族共同体意识培育的课内课外全覆盖，将中华民族共同体意识系统培育覆盖全主体、全学科、全课程、全过程，夯实中华民族共同体意识系统培育的课程主渠道。

（二）深化壮族优秀传统文化的育人功能，打造文化载体

文化载体作为以载运教育信息和内容为目的的工具性事物，是对象性、依附性与价值稳定性的统一。[①] 要通过打造具有民族特色的文化载体，促使壮族优秀传统文化与中华优秀传统文化相结合，并挖掘其现代价值，以创新的方式将其融入新时代文化的传承发展中，与地方经济社会发展相结合，深化壮族优秀传统文化的育人功能，打造具有鲜明特色的文化载体，提升大学生中华民族共同体意识培育的育人功能。

1.挖掘本土文化资源，促进文化载体实体化

围绕壮族文化传承与发展，大力挖掘和应用本土育人资源，加强校地协同育人，建立育人资源合作共享长效机制。一方面将民族历史文化场馆资源分类整合，作为师生开展中华民族共同体意识培育社会实践校地合作平台，注重收集和保护与壮族文化相关的书籍、资料和文件，并通过场馆的展示和教育功能，打造丰富的本土文化育人载体。保护和利用好壮族传统建筑、村庄和文化生活设施等育人载体，开发具有民族特色的实践教育课程，开展中华民族共同体意识培育公众化教育。另一方面，支持高校打造铸牢中华民族共同体意识和壮族优秀传统文化教学基地等民族文化传播实体阵地，支持民族文化创意产业的发展，鼓励民间艺术家和大学生从事民族文化产品创作和设计，将文化融入产品和服务。也可以利用现代科技手段，建设数字化文化场馆，开发具有壮族文化特色的文化产品，如壮锦、铜鼓、戏剧等。通过产品的传播和推广，加强文化载体实体化建设。

---

① 梅萍，向荣.思想政治教育文化资源与文化载体之辨[J].思想教育研究，2022（9）：33-38.

2. 挖掘软性文化资源，实现文化载体生活化

通过挖掘壮族优秀传统文化中的软性资源，强调文化的普适性和韧性，使其适应和融入新时代铸牢中华民族共同体意识要求，将柔性文化资源融入日常生活场景，让文化成为人们生活的一部分。人民对美好生活的向往为中华民族共同体意识培育的生活化、常态化提供了传承民族文化基因的精神动因。要充分挖掘软性文化资源，通过组建各类壮族文化艺术团体，发挥文化的先导作用，精心策划开展全民节庆活动，以喜闻乐见的生活化、常态化方式，提升中华民族共同体意识培育实践的吸引力、影响力，实现文化载体生活化，深化壮族优秀传统文化的育人功能。

（三）提升中华民族共同体意识培育实效，拓展实践载体

提升大学生中华民族共同体意识培育实效，拓展实践载体是一个重要的措施。高校要顺应时代变化，以培养堪当民族复兴大任的时代新人为出发点，以丰富的实践载体实现大学生文化认同的价值目标，将中华民族共同体意识培育扎根于当代大学生的心中。

1. 拓展实践基地，加强实践调查，开展铸牢中华民族共同体意识研究

高校要根据实践育人实际，打造壮族优秀传统文化融入中华民族共同体意识研究院、文化浸润研究中心等实践载体。在此基础上，高校要通过调查，结合实际问题，对中华民族视觉形象的呈现和传播进行积极探索，并在壮族聚集地区设立工作站，开展田野调查、数据采集、中华民族视觉形象图谱绘制、壮族文化元素挖掘、课程融入等工作，为建设铸牢中华民族共同体意识示范区、建设新时代中国特色社会主义壮美广西提出切实可行的对策性建议。

2.拓展实践模式，加强实践体验，开展壮族文化舞台情景讲演

应结合实际深入推进"五育并举"和"三全育人"工作，强化学校德育与美育协同育人功能，充分发挥思政育人与以美育人的综合育人价值，积极探索中华民族共同体意识培育的常态化、长效化协同育人机制，以高质量的文化供给，引导广大学生成为全面发展的担当民族复兴大任的时代新人。学校组织相关部门开展以"党史背景讲解＋红色精神内涵解读＋壮族优秀传统文化＋艺术表演"为主要形式的壮族文化舞台情景讲演，推动学校课程不断改革创新，形成情景体验式教学模式，使学生从全新视角接受中华民族共同体意识培育，打造校园文化精品实践活动，彰显学校育人合力，提升校园文化品质，丰富校园文化内涵。

3.拓展实践项目，加强社会实践，开展民族文化类大学生社会实践

加强校外社会实践基地、创业实习基地建设，结合大学生暑期社会实践活动，将壮族优秀传统文化融入中华民族共同体意识培育，已成为大学生暑期社会实践重点。高校可与当地小学共建"中华民族共同体意识培育一体化建设协同中心"，积极促进中华民族共同体意识培育小课堂和社会大课堂同频共振。与此同时，将中华民族共同体意识培育社会实践项目纳入学校大学生创新创业训练计划、大学生课外学术科技作品竞赛等专业赛事，打造课程学习、项目实践、创业孵化、以赛促学的大学生创新创业实践全流程服务平台，并不断加以拓展，校内校外多点发力、线上线下同频共振，积极打造主题突出、特色鲜明的品牌实践活动，从而提升中华民族共同体意识培育实效。

（四）扩大铸牢中华民族共同体意识覆盖面，创新网络载体

网络载体覆盖广、声势大、应用宽的新特点是网络意识形态建设的新优势，给信息化条件下大学生中华民族共同体意识培育工作带来了新

的机遇。充分利用好网络载体，将壮族优秀传统文化以大学生喜闻乐见的形式更加广泛、迅捷地融入中华民族共同体意识培育实践，是信息化条件下大学生铸牢中华民族共同体意识的当务之急。

1. 搭建以社交功能为主兼具中华民族共同体意识培育功能的网络平台

信息技术改变了传统的社会交往交流方式，QQ、微博、微信等以社交功能为核心，同时具备中华民族共同体意识培育功能的社交平台在培养中华民族共同体意识中的应用不仅沿承了传统概念，还彰显了时代的特性和创新性。随着5G时代到来，以社交功能为主的网络平台，让大学生思想政治教育得到了深化、延伸和创新的机会。此类社交平台具有的育人功能共性与个性并存。社交平台可以增加中华民族共同体意识培育功能，用户可以参与讨论、分享相关内容，从而增进对中华民族共同体的认知和理解。平台也可提供组织参与各类有关中华民族共同体的活动的功能，如线上座谈会、志愿服务活动、文化交流活动等，促使用户主动组织活动或积极参与，加强彼此之间的互动与合作。平台还可为用户提供展示自身所属地区或民族的文化特色的功能，如用户可以上传图片、视频、文字等形式的内容，让其他用户能够更直观地了解不同地区和民族的多元文化。通过这些设计和功能，以社交功能为主的网络载体将能够促进群体之间的交流和互动，有效扩大教育影响。

2. 搭建兼具娱乐功能的中华民族共同体意识培育网络空间

随着互联网技术的迅速发展和全面普及，短视频、网络直播、在线游戏等娱乐平台不断创新发展，网络空间成了大学生休闲娱乐的重要阵地，以新媒体等为代表的网络载体在空间上深刻影响着大学生的信息获取和各民族间的交往交流交融。网络空间以大众化、亲民化的话语表达形式传播文化，能够引起学生的强烈共鸣，因此打造和利用好以网络直播为代表的新媒体矩阵可为拓展中华民族共同体意识培育空间提供机遇、创造条件。要把握新时代青年大学生的成长特点，充分发挥网络空间传播面广、影响力大、互动性强的优势，利用好符合时代发展、大学生易于接受的网络直播和娱乐休闲空间，融入民族的文化元素和符号，广泛推送中华民族共同体意识培育内容，潜移默化中把握住中华民族共同体意识培育的主导权。[①]打造构筑中华民族共有精神家园的广泛网络空间，成为大学生中华民族共同体意识培育的最大增量。

（五）激发铸牢中华民族共同体意识动力，优化管理载体

将壮族优秀传统文化融入大学生铸牢中华民族共同体意识培育中，是一个涉及多种因素和步骤的复杂项目。只有利用科学完备的教育机制和持续优化的管理工具，才能营造良好的中华民族共同体意识培育氛围，确保各个要素环节有序运转，为提高大学生中华民族共同体意识提供科学的机制保障。

1. 优化铸牢中华民族共同体意识保障机制

要想优化中华民族共同体意识培育保障机制，必须坚持培养具有深厚优秀传统文化素养的教师队伍，并通过多种形式提高教师对中华民族共同体意识培育的学理认知和融入价值认知。新时代教育要求高校教师作为中华民族共同体意识培育活动的引领者，深刻认识到自身的义务和责任，不断拓展自身的学识和视野，提高中华民族共同体意识培育创新能力和实践水平。因此，高校应鼓励他们积极参与教学研究和实地调研，不断提升优秀传统文化素养，并建立科学的教师培训和考核机制。例如，针对中华民族共同体意识培育内容和方法，高校可以着重在学术研讨、实践考察、科研项目等方面组织师资培训活动。

2. 优化铸牢中华民族共同体意识评价机制

检验中华民族共同体意识培育效果，需要按照实效性和导向性原

---

① 黑婉玉. 新时代高校大学生择业观培育路径研究 [D]. 西安：西安科技大学，2021.

则，采用科学可行的量化和质性方法，建立以社会主义核心价值观为引领，以实现铸牢中华民族共同体意识为目标的多维度评价体系，同时要考虑学生的特点和个性差异，使评价更为科学和合理。加强过程性评价，即在培育过程中，实时对学生的学习、实践活动、团队建设等方面进行评价，强调学生在培育过程中的自主性和主体性。要充分利用互联网、人工智能等技术，在评价过程中实时收集、分析学生的学习和发展数据，提高评价的科学性、客观性和准确性。建立长效的考核机制，加强教师对于中华民族共同体意识培育精神和理论的掌握程度，以及他们的教学能力和研究水平的考核，同时加强对中华民族共同体意识培育效果的定期观测；对于学生则要关注他们对中华民族共同体意识的认知度、认同度等。鼓励学生、教师和管理者积极参与评价工作，实现全员参与、共同建设，同时注重评价结果的反馈和整改，将反馈意见落实到具体改进措施中，不断提升培育工作的质量。

3. 优化铸牢中华民族共同体意识协同机制

明确政府、学校、家庭等在中华民族共同体意识培育中的责任和义务，多个参与主体相互联系，共同塑造、共同参与。政府制定相关政策、法规和教育规划，强化政策支持，为中华民族共同体意识培育提供制度保障，且要与学校、社会团体和企业等密切合作，协同推进中华民族共同体意识培育工作。学校要优化校内协作，促使多学科共同参与，同时加强师生交流和合作，充分发挥师生互动在培育中华民族共同体意识中的重要作用。全面理解大学生中华民族共同体意识培育的理论内涵，推动多学科之间的互动合作，努力构建跨学科、跨领域的研究和交流机制，从而为中华民族共同体意识培育工作提供更全面、多角度的理论支持，有助于更好地将理论转化为教育实践。家庭教育也是中华民族共同体意识培育的重要基地，要引导家庭积极参与学生的中华民族共同体意识培育过程，形成家校共育的良好格局，同时深挖社会资源，为中华民族共同体意识培育服务。另外，要运用现代信息技术，建立供各方共享的中华民族共同体意识培育资源库和信息平台，为学生提供丰富的实践机会，充分整合科研机构、社会、家庭、企业等多方力量，打造出多主体共同参与、相互支持的民族团结进步教育育人共同体。

四、壮族优秀传统文化融入大学生铸牢中华民族共同体意识的方法

壮族优秀传统文化融入高校大学生中华民族共同体意识培育，应当针对当前的薄弱环节，找到科学方法，把握育人规律，在增强培育针对性和有效性的同时，促进教育常态化和效果全面化。灵活采取嵌入式、转化式、渗透式等方式深化大学生优秀传统文化认同。

（一）以理论嵌入深化文化认知推动中华优秀传统文化创新发展

1. 运用理论嵌入，加强理论研究

"嵌入"的概念可被理解为一个系统或事物与另一个系统或事物的有机融合与共生现象，这种概念在理论研究中有着实质性的应用价值。通过理论嵌入进一步挖掘民族文化基因，可为理论研究提供一个全新的视角，重点关注中华民族一体性特征，以一体性为纽带整合民族的多元特点，从而更好地诠释中华民族共同体的特性与价值，并将这些资源运用到中华民族共同体意识培育中，探寻各民族最大公约数，应用理论研究的最新成果为宣传及教育工作提供支持。[①]

2. 加强理论嵌入，推进优秀传统文化"双创"

传统文化的创造性转化是将传统文化中的元素、内涵和精神与现代

---

① 褚远辉.民族地区学校民族团结进步教育资源研究 [J].中国教育科学（中英文），2020，3（5）：62-76.

社会的需求相结合，创造出符合当下时代背景和群众需求的新形式、新载体。通过创造性转化，传统文化得以拥有新的生命力，更好地适应现代社会。高校必须在融入内容上不断推陈出新，依托壮族优秀传统文化资源，秉持求同存异、兼容并蓄、互学互鉴的融入理念，具体可以通过融合传统文化与现代科技、数字化技术等来创造出具有独特魅力和影响的文化新形态，主动将具有文化价值和中国智慧的优秀传统文化元素和中华民族符号传播出去，铸牢大学生中华民族共同体意识，推进壮族优秀传统文化的"两创"[①]，为大学生中华民族共同体意识培育提供新的路径和载体。

（二）以体系构建推进壮族优秀传统文化融入高校人才培养全过程

高校要强化顶层设计，出台制度方案，进一步建立健全育人工作组织机构，系统构建包含组织体系、制度体系、课程体系、资源体系、评价体系在内的中华民族共同体意识培育体系，推动育人工作落实。坚持立德树人根本任务，弘扬中华优秀传统文化与社会主义核心价值观，实施壮族优秀传统文化浸润计划，以美育人，以文化人。将中华民族共同体意识培育贯穿人才培养全过程，并将价值塑造、知识传授和能力培养融为一体，以使壮族优秀传统文化融入高校人才培养全过程，更有效地激发出传统文化的时代活力，为大学生中华民族共同体意识培育提供坚实的文化支撑。

1. 构建组织体系

科学的组织体系是将壮族优秀传统文化融入大学生铸牢中华民族共同体意识培育系统和提升有效性的基础保障。学校可成立工作领导小

[①] 赵信彦.习近平新时代中国特色社会主义思想传承创新中华优秀传统文化研究[D].济南：山东大学，2022.

组，让教务处统领并具体负责规划、指导、推进、评估相关工作，相关职能部门加以协同，具体部门和各二级学院负责相关培育工作的组织实施，为塑造共同体意识提供坚实的组织保障。

2. 构建制度体系

制定出台学校相关系列制度，将优秀传统文化融入中华民族共同体意识培育系统纳入学校人才培养课程设置，同时依托《学校"第二课堂成绩单"制度实施管理办法》等明确要求开展相关文化艺术讲座、论坛及活动，为其组织实施提供有力制度保障。

3. 构建课程体系

课程是将壮族优秀传统文化融入中华民族共同体意识系统培育的主渠道。可构建包含以《大学语文》《大学美育》等通识必修课为核心、以人文艺术类通识选修课程为主体、以各学科专业的教育课程为辅助的课程体系，将中华民族共同体意识系统培育覆盖全主体、全学科、全课程，夯实中华民族共同体意识系统培育的课程主渠道。

4. 构建资源体系

配套第一课堂教学，构建以思政课教师和美育教师为主体、各专业课程教师为辅的专兼结合的中华民族共同体意识培育师资队伍；构建以校内博物馆、美术馆、艺术馆、革命史展馆等育人基地为主、校外博物馆、文化馆、艺术馆为辅的场馆资源体系；构建大学生活动中心、国学体验中心、艺术教育中心、传统文化实训基地等实践资源体系，强化中华民族共同体意识系统培育的资源建设。

5. 构建评价体系

坚持问题导向和目标导向，重视过程评价与效果评价，构建评价主体多元、评价标准注重素养与能力、评价方式注重过程与结果统一、评价成效注重学生学习结果的中华民族共同体意识系统培育课程评价体系，并实施中华民族共同体意识培育工作自评和年度报告制度，把相关内容课程教学纳入学校教育督导范畴，并强化督导检查结果应用。

（三）以正面教育促进壮族优秀传统文化传承升华为中华文化情感认同

正面教育是一种积极的教育方法，即通过创建一个友善而坚定的学习环境，培养学生的自律性、责任感、合作精神和解决问题的能力。[①]这种教育方法将壮族优秀传统文化作为中华文化的一部分，以润物无声的方式深深地融入学生的心灵，使他们对中华文化产生深厚的情感认同。壮族优秀传统文化承载了壮族人民的价值观和行为准则，包括勤劳善良、知礼尚义、尊老爱幼等。正面教育可以将这些优秀传统文化价值观有机地融入教育内容，让学生在接受教育的过程中自然而然地感受到中华文化的魅力，培养起对中华文化的情感认同。

1. 深入研读文化经典，找寻壮族优秀传统文化的正面教育内容

深入挖掘和总结壮族优秀传统文化经典文本中的民族团结进步教育价值，挖掘其中蕴含的壮族优秀传统文化内涵，了解其历史和文化背景，并促使其与新时代的实践需求相结合。从经典文本中提炼出壮族优秀传统文化的核心价值观，将其与当代社会的需要相结合，同时推动壮族优秀传统文化的话语转换，将其表达方式与现代语境相匹配，使其更易于被年轻一代理解和接受。通过深入研读经典古籍，人们可以寻找壮族优秀传统文化的历史根源，并积极推动这些文化的转化和传承。在实践体验中评估壮族优秀传统文化的内核，并拓展其现代意义，进而推动文化的传承和发展。

2. 讲好优秀传统文化故事，探索壮族优秀传统文化的正面教育形式

讲好优秀传统文化故事是探索壮族优秀传统文化的正面教育形式之

---

① 仇玲飞. 正面文化如何促进家庭教育 [J]. 中国社会工作，2022（10）：24-25.

一。通过创新教学方式和宣传形式，将壮族优秀传统文化植根于高校师生的教育生活中，可以扩展文化传播的广度和深度。同时，借助新媒体平台的力量，将传统文化更广泛地推广给受众，促进壮族优秀传统文化的传承升华，并引发中华文化情感认同的力量。通过讲述优秀传统文化故事，可以传递价值观念、培养品德修养，以及启发学生的思考和创造力。

（四）以文化浸润汲取壮族优秀传统文化精神铸牢中华民族共同体意识

要将壮族优秀传统文化融入高校大学生中华民族共同体意识培育实践，需要基于理性的科学方法来把握文化融入的规律，深入研究壮族优秀传统文化内涵和特点，并灵活运用嵌入和转化等文化浸润方式，帮助大学生汲取壮族优秀传统文化精神，从而实现铸牢中华民族共同体意识目标。

1.加强壮族优秀传统文化"嵌入式浸润"

嵌入式教育是将壮族优秀传统文化包含的文学、艺术、风俗等文化表征要素以某种形式或者某种载体融入教学内容和活动，嵌入教育过程，并有目的、有针对性地将其融入中华民族共同体意识培育实践，以促进大学生文化认同和个体全面发展。具体来说，可以将壮族优秀传统文化融入学校课程体系，落细到思政课程群，融入课程思政之中。通过对中华民族多元文化的认知拓展，可了解民族共同参与、共同奋斗的历史脉络，帮助大学生增强中华民族身份认同。可开设壮族优秀传统文化必修课、选修课和文化鉴赏课，向学生介绍壮族优秀传统文化的精神内涵，在使他们深入认识和了解壮族优秀传统文化的基础上，提高他们的文化素养，巩固他们的文化认同。这样有助于加强对学生的爱国主义教育，提升学生共同体意识培育成效。

2. 加强壮族优秀传统文化"转化式浸润"

转化是借助多种教育手段对壮族优秀传统文化各种要素再开发的过程，可使人更好地适应当代社会的发展需求，更好地融入当代社会生活，并发挥作用。要深入挖掘壮族文化精髓，并将其呈现的形态融入中华民族共同体意识培养过程，以保持原有文化的精神内涵和价值，发掘壮族优秀传统文化浸润的育人价值。实际过程中，高校可通过壮族文化资源的融入，结合自身育人优势和时代特点，开设民族艺术、民间文学、民族体育等具有民族特色和育人功能的民族文化课程；也可以以优秀传统文化为题材，组织开展文学、影视、歌舞，以及网络新媒体作品创作，通过创新性的方法和途径，以沉浸式的教育促进传统文化的更新与传承，增强中华文化的吸引力和感染力。通过与各个学科和专业的融合，充分利用现有资源，注重实践体验，共同推进壮族文化转化式浸润实践，推动各民族文化深度交流交融，创新发展。

（五）以实践教育涵养民族团结进步社会行为情境厚植家国情怀

1. 注重校园文化建设，加强校内实践教育

校园文化在塑造学生价值观、情感态度和行为方式上起着关键作用，民族文化、艺术创作、社区活动等都可以成为丰富校园文化的重要内容。高校可通过各种场景、载体和手段，将壮族优秀传统文化潜移默化地注入各种场景、载体和手段中，帮助学生将理论知识应用于实践，让学生通过接触、感受和接受壮族优秀传统文化的影响。高校要着重在校园文化建设中融入中华民族共同体意识培育实践，积极推广与中华民族共同体意识有关的文化和活动，推动学生从中认识和理解中华优秀传统文化和民族精神，并鼓励他们参与这些文化活动，深深体验中华民族的多元性和包容性。校内的实践教育不仅包括日常教学和实验，还包括丰富的校园活动和社团运动，支持学生积极参与这些活动，并从中了解

和接触各个民族的优秀文化，通过实际行动去实现中华民族共同体意识的内在价值。

2. 拓展育人阵地，加强校外实践教育

高校要积极拓展校外社会实践教育，加强学校和社区、家庭的互动，让学生亲身体验并了解多元的民族文化。例如，可以带领他们参观诸如历史遗址、民族乡村、民族博物馆、纪念馆等民族文化教育基地，拓展实践育人阵地。这样不仅可以帮助他们树立对民族优秀传统文化的认同与尊重，还可以激发他们的民族情感，帮助他们更好地理解各民族之间守望相助、交融共生的理念，传承尊重和包容的传统文化思想。要拓展家风教育的影响力，将传统智慧融入家庭教育实践，深度挖掘壮族优秀传统文化中的家风美德和家规家训，将其与中华民族共同体意识的培育融合到日常家风教育中。壮族优秀传统文化所承载的丰富的民族精神为壮族人民提供了强大的精神支持，因此高校要不断在课程育人、文化育人和实践育人中渗透德育功能，深入挖掘教材中的民族精神元素，引导学生主动思考、积极参与，强化学生的国家意识和民族情感，引导学生树立正确的价值观。

第五章
壮族优秀传统文化融入大学生铸牢中华民族共同体意识的实践策略

一、壮族优秀传统文化融入大学生铸牢中华民族共同体意识的原则

原则是实践活动所遵循的基本行为法则，是实践规律的具体反映。因此，在研究机制和路径问题之前，研究者应先确立好壮族优秀传统文化融入大学生铸牢中华民族共同体意识培育活动的基本原则。本书认为将壮族优秀传统文化融入大学生铸牢中华民族共同体意识培育实践的原则包括坚持传承与发展相结合的原则、坚持学校教育与社会教育相结合的原则、坚持正面教育与文化自觉相互促进的原则、坚持促进各民族交往交流交融的原则。

（一）坚持传承与发展相结合的原则

继承与创新是任何事物、个体和任何组织发展进步的共同规律，在大学生铸牢中华民族共同体意识过程中这一点同样重要。因此，要在保护和延续优秀传统文化的同时，对优秀传统文化进行创新和发展，使其与现代社会相适应。将壮族优秀传统文化融入大学生铸牢中华民族共同体意识培育，是马克思主义历史观的充分体现。中国特色社会主义进入新时代，在加快推进社会主义现代化新的发展阶段，开启了全面建设社会主义现代化国家的新征程。调研显示，新时代大学生中华民族共同体意识培育面临新情况、新问题。例如，信息化背景下新媒体飞速发展，各种意识、文化夹杂在网络新媒体中传播，这对壮族优秀传统文化的融入提出了新的要求。又如，将壮族优秀传统文化融入大学生铸牢中华民族共同体意识培育的途径有很多，新时代下应当如何选择怎样的途径是一项值得思考的问题。在这种情况下，学术界坚持传承与发展相结合，

在改革发展的实索新的经验践中去研究新形势、解决新问题、探索新规律，同时运用新的方法，探索新的经验，从而探索出了一些行之有效的经验做法，以不断优化壮族优秀传统文化融入大学生铸牢中华民族共同体意识培育实践的机制与路径，促进壮族优秀传统文化融入大学生铸牢中华民族共同体意识培育活动的机制与路径在改革中深化、在转变中适应、在发展中提高。

（二）坚持学校教育与社会教育相结合的原则

学校教育是国民教育制度的重要组成部分，也是个人所受教育的重要组成部分。[①]学校教育作为一种计划性、系统性的教育模式，是在预设的教育体系和结构内，引导个体进行有计划、有组织、有目标的文化知识、技能学习，改善个体道德品质以及价值观。在一定程度上，学校教育影响了个体的社会化水平与方式，成为个体社会化的主要阵地。社会教育是指在正式教育体系以及家庭教育之外，通过各种途径和形式为个体提供知识、技能等的教育过程。从广义角度出发，社会教育涵盖了学校和家庭教育之外，针对个体身心发展发挥作用的社会全部文化、知识教育活动。狭义上说，社会教育指向社会文化教育机构对青少年及广泛群众实施的多元化文化及生活知识教育活动。社会教育具有活力，其教育深度、丰富度、自主性和形象性较学校教育具有更为突出的优势。社会教育是一种与学校教育和家庭教育相辅相成的教育方式，在个体的成长与发展中发挥着重要作用。社会教育呈现持续发展趋势，在整个教育体系中发挥着补充和扶持的作用，展现了不可替代的价值。现代社会环境中，社会教育的重要性日渐凸显，逐渐成为教育领域举足轻重的一部分。因此，以学校教育为主，社会教育为辅的教育模式能够更有效地

---

① 王长权，查萍，郎健.新"举国体制"下竞技体育人才培养体系的构建[J].北京师范大学学报（自然科学版），2015，51（2）：217-220.

将壮族优秀传统文化融入大学生铸牢中华民族共同体意识培育。

（三）坚持正面教育与文化自觉相互促进的原则

正面教育是培养学生积极思维和行为习惯、传播真理和知识、引导学生建立积极人生观和价值观的教育。正面教育可以使受教育者掌握正确的行为准则和人生观。正面教育是政治教育的主要方式和方法，主要利用陶冶、说服、表扬、榜样等方法积极引导受众明辨是非，掌握正确的行为准则，其形式涵盖了思政课、讲座报告、组织参观访问、召开座谈会、榜样教育等。文化自觉是费孝通首次提出的，是指文化的自我觉醒、自我反省、自我创建。[①]文化自觉建立在对文化根脉的持续找寻与创新继承、对普遍真理的批判思考与认知、对发展趋向的规律把握与持续指引基础之上，是一种对自己所处文化环境的认同和对文化传承发展的自觉参与。[②]正面教育与文化自觉两者相互促进，相互补充，可以更加有效地、更加精准地将教育内容传授给受教育者，达到教育目的，这也可以促进壮族优秀传统文化融入大学生铸牢中华民族共同体意识培育。

（四）坚持促进各民族交往交流交融的原则

各民族交往交流交融是历史发展的必然趋势。中华人民共和国成立后，社会主义新型民族关系得到了确立和巩固，各民族之间的理解和信任得到了加强，这为各民族深入交往交流交融奠定了基础、创造了条件。改革开放四十多年，特别是党的十八大以来，社会主义市场经济的深入发展推动了国家的经济繁荣和社会进步，各民族间交往交流的态势日趋深化。随着新型工业化、信息化、城镇化和农业现代化的深入推

[①]　费孝通．"美美与共"和人类文明（上）[J].群言，2005（1）：17-20.
[②]　赵朝艳．文化强国战略下铸牢中华民族共同体意识研究[D].兰州：兰州大学，2022.

进，经济结构和产业结构发生了深刻变革，我国进入了各民族跨区域大流动的活跃期。随着城市化进程的推进以及通信技术的发展，人们的生活方式和工作方式发生了很大的变化。这种大规模的人口流动加强了各民族间的交流和融合，也促进了各民族之间的相互理解和尊重。如今，各民族在大散居、小杂居基础上相互依存，在经济与社会生活的各个方面更加频繁和广泛地交往交流交融，联系比以往任何时候都要紧密因此，坚持促进各民族交往交流交融的原则，是推动壮族优秀传统文化融入大学生铸牢中华民族共同体意识培育的重要途径。不仅可以帮助他们认识壮族的丰富历史和文化遗产，还可以提高他们对中华民族共同体概念的认识，进一步加强对国家的情感认同，也有助于加强壮族与各民族的交往交流，依托壮族优秀传统文化在地域空间、文化认知、经济活动、社会生活等各领域的全方位嵌入，推动各民族在文化、经济、科技等方面的合作与交流，促进民族地区的繁荣发展，能增进各民族之间的了解和友谊，促进民族团结和社会和谐，共同铸牢中华民族共同体意识。

二、壮族优秀传统文化融入大学生铸牢中华民族共同体意识的机制设计

壮族优秀传统文化融入大学生铸牢中华民族共同体意识，需要将各方面的资源和手段有机结合，是一个复杂的系统性培育工程，而且需要构建科学的机制，推动其有效发展、高速运转。壮族优秀传统文化融入大学生铸牢中华民族共同体意识培育的机制建设，可以从协同机制、引领机制、保障机制和评价机制入手。理顺体制机制，推动壮族优秀传统文化融入大学生铸牢中华民族共同体意识培育这一系统性工程的科学运转。

（一）构建融入大学生铸牢中华民族共同体意识协同机制

协同机制是一种强调不同主体之间的互助、互补和协作，旨在提高效率、提升成效，实现资源共享和促进共同进步的机制。壮族优秀传统文化融入大学生铸牢中华民族共同体意识培育协同机制的构建强调高校内部以及与政府、社会、家庭等主体之间互构、共变与相互协作，是多主体共同作用的结果。首先，要明确目标与责任，确保所有参与者都能对大学生中华民族共同体意识培育有清晰的认识，并明确各自在其中扮演的角色和承担的责任。其次，要建立信息共享与传递机制，建立一个通畅的信息传递渠道，再次，确保关键信息能够迅速而准确地在各个主体之间进行传递，便于决策和执行。要加强高校内部学科交流与合作，推动思政课教师与其他学科教师之间的有机融合和相互协调，通过多学科、多领域的互动协作，可以从整体上更好地把握民族优秀传统文化的理论本质，促进知识的交叉融合和思想的交流。最后，需要有效整合高校、政府、社会、家庭等多方力量，形成一个多主体参与的互助式育人共同体，各主体之间可以共同制订和实施培育计划，共同承担相应责任，实现目标。

一是突出学校培育。学校作为教育的主阵地，对提高大学生的综合素养起到至关重要的作用，因此要充分发挥自身优势，为壮族优秀传统文化融入大学生铸牢中华民族共同体意识培育提供保障。通过构建科学的教育教学体系和宣传教育体系，推动课堂教学、社会实践、主题教育多位一体[①]，在壮族优秀传统文化融入大学生铸牢中华民族共同体意识培育这一过程中协同发力。二是注重个体培育。大学生自身是壮族优秀传统文化融入大学生铸牢中华民族共同体意识培育实践的内部影响因素，

---

① 左珉.铸牢中华民族共同体意识的实践与思考：以宁夏回族自治区为例[J].河北省社会主义学院学报，2018（4）：66-70.

所以应建立相对稳定的理论学习和社会实践参与机制，促使大学生个体对优秀传统文化产生情感共鸣。同时，大学生个体要通过培育自身的学习兴趣，潜移默化地在中华民族共同体意识培育中渗透壮族优秀传统文化认同，增强个体自我培育与学校教育的互动，从而实现教育的目的。三是加强社会培育。社会环境是影响大学生个体或群体价值观建立的重要因素，壮族优秀传统文化融入大学生铸牢中华民族共同体意识不可避免地会受到社会环境的影响，社会各方面资源应予以正面支持，充分发挥社会培育文化功能，加强对壮族优秀传统文化的宣传，形成尊重与弘扬壮族优秀传统文化的良好氛围，引导大学生树立正确的壮族文化观。应以全方位的社会教育构建良好的社会育人环境氛围，夯实壮族优秀传统文化融入大学生铸牢中华民族共同体意识培育的协同机制。

（二）丰富融入大学生铸牢中华民族共同体意识引领机制

中华优秀传统文化是中华民族独特的宝贵财富，也是中华人民最引以为豪的传统文化底蕴，其独特的价值观、道德准则和审美标准是中华民族最为深厚的文化软实力。壮族是岭南的原住民，历史悠久，拥有独特、优秀的传统文化。壮族优秀传统文化是广大壮族人民的精神家园，壮族优秀传统文化是壮族的血脉，是广大壮族人民的精神依托，壮族优秀传统文化经历数千年的发展后出现较多的优秀文化形式、文化作品，如壮族民歌、壮族舞蹈、壮族乐器、壮族刺绣等。将壮族优秀传统文化融入大学生铸牢中华民族共同体意识培育，必须通过不断强化壮族优秀传统文化的价值引领，为大学生提供深厚的精神滋养和情感认同，促进价值认知、信念与行为之间和谐融洽。

价值引领是行为将社会价值观的要求转化为个体自觉行为的过程。他依靠内在动力和决心，通过价值意志的激励和价值功能的磨砺，不断强化个体的价值观念，增强其对正确价值追求的意愿和能力，将价值观的基本要求内化为个体的自觉行为。壮族优秀传统文化融入大学生铸牢中华民族共同体意识培育是以优秀传统文化为价值引领，将其内化为行为准则，并在社会生活中加以践行，这种价值引领的方式可以帮助个体树立正确的人生目标，与价值行为的养成内在融通，形成价值内隐与外显、认知实践的有机关联，塑造积极向上的价值品格，并对周围的社会环境产生积极的影响。丰富融入大学生铸牢中华民族共同体意识培育的引领机制，要坚持贯彻落实立德树人根本任务，将其融入人才培养各环节全过程，着力构建一体化壮族优秀传统文化融入大学生铸牢中华民族共同体意识培育工作体系。健全党委统一领导、党政齐抓共管、学院具体落实、教师积极参与的工作机制，充分融入壮族优秀传统文化的元素和精神内涵，围绕壮族优秀传统文化融入大学生铸牢中华民族共同体意识培育的目标，使壮族优秀传统文化与现代教育内容相结合，构建"思想引领、能力提升、知识传授"培养体系。将马克思主义学院和思政课作为"第一学院"和"第一课程"进行专项规划、重点建设，充分发挥思政课立德树人关键作用，真正地覆盖高校人才培养的全过程，引领大学生在传承壮族优秀传统文化中塑造"中华民族一家亲"的价值情感，全面、系统地推动壮族优秀传统文化融入大学生铸牢中华民族共同体意识培育工作，使之成为人才培养的重要组成部分，并确保其贯穿于学生的学习、生活和成长过程，将中华民族共同体意识内化为爱国情感、荣誉感和责任感等积极价值情感。

（三）完善融入大学生铸牢中华民族共同体意识保障机制

壮族优秀传统文化融入大学生铸牢中华民族共同体意识培育是一项涉及多重要素和环节的系统工程，需要通过打造文化传承与人才培养相互衔接与有机嵌合的教育机制来确保各个要素、环节有序运转，提升壮族优秀传统文化融入大学生铸牢中华民族共同体意识的效能。高校准确把握壮族优秀传统文化融入铸牢大学生中华民族共同体意识的目标和内容，并促进文化传承与人才培养的有机融合，是实现目标的关键。

首先，打造文化传承与人才培养相互衔接与有机嵌合的教育机制是重要保障。这需要高校将文化与人才培养结合起来，并通过全面、系统的教学计划、人才培养计划等来实现。在交流、实训、综合素质拓展方面，应当充分结合壮族优秀传统文化元素，进一步强调中华优秀文化的传承与发展。其次，高校应当准确把握壮族优秀传统文化融入铸牢大学生中华民族共同体意识的目标和内容。这需要高校充分挖掘壮族优秀传统文化的内涵和精神，让学生在学习过程中增加对传统文化的了解和认同，并培养他们对中华民族共同体意识的认同感。同时，应该注重传统文化与现代文化的整合与创新，鼓励中华优秀文化的创新和发扬。再次，高校要在社会环境、校园环境和网络环境中营造良好的氛围，进一步推进民族文化的保护和传承。高校应加强壮族优秀传统文化物质和精神遗产的保护工作，推动民族文化基础设施建设，积极开展各种文化展示和教育活动；应积极打造物质环境和精神文化环境，设计具有壮族优秀传统文化意蕴的校园建筑和人文景观，创造出浓厚的文化氛围；在网络空间中坚定社会主义核心价值观的引领地位，利用时代语言向民众阐释传统文化的思想精髓，并以脍炙人口的方式宣传体现民族精神和国家精神的事例。最后，高校应该加强与社会、地方政府、民间组织等的合作与交流，共建文化传承与人才培养平台。这样可以实现资源共享，并建立联动机制，推进壮族优秀传统文化融入大学生铸牢中华民族共同体意识培育工作。高校应打造文化传承与人才培养相互衔接与有机嵌合的教育机制、准确把握壮族优秀传统文化融入铸牢大学生中华民族共同体意识的目标和内容，以及与社会、地方政府、民间组织共建共育，这是提升壮族优秀传统文化融入大学生铸牢中华民族共同体意识效果的重要途径。

（四）探索融入大学生铸牢中华民族共同体意识评价机制

有效评价机制的建立要遵循科学性和导向性原则，充分借鉴先进的教育评价理念和实践经验，采用多元化的评价指标。高校民族团结进步教育是一个复杂的系统工程，构建壮族优秀传统文化融入大学生铸牢中华民族共同体意识培育评价体系，做好相关制度的顶层设计至关重要，是增强铸牢中华民族共同体意识时效和教育系统性、连续性和实效性的迫切需要。各高校要进一步加强高位推动、顶层设计，将铸牢中华民族共同体意识作为落实立德树人根本任务的重要内容，切实促成一体化政策机制，凝聚起强大的教育合力。① 建立以传承壮族优秀传统文化为引领、以形塑共同体意识为导向、以大学生中华文化认同为目的的评价标准；健全包括社会评价和学生监督在内的传统文化融入共同体意识培育监督体系。

评价机制主要针对壮族优秀传统文化融入大学生铸牢中华民族共同体意识培育的效果进行评估，具体指标可以包括文化认知、价值认同、实践传承、综合评价等。文化认知即评价大学生对壮族优秀传统文化的认知程度，包括对壮族文化的了解、认同和传承意识等。高校可以通过问卷调查、访谈等方式进行评估。价值认同是评价大学生对壮族文化的认同程度，包括对壮族文化的情感认同、价值认同等。高校可以通过开展文化体验活动、举办文化讲座等方式进行评估。实践传承是评价大学生在传承壮族文化方面的实践情况。高校可以通过组织实践活动、开展文化交流等方式进行评估。评价机制应该具有长期跟踪评估的功能，对壮族优秀传统文化融入大学生铸牢中华民族共同体意识发展情况进行持续的观察和评估，这有助于发现学生的潜力和进步，及时调整和改进培育方法。综合评价主要是在课堂表现、考核评估、实践活动、社会实习以及学术研究等方面评价大学生中华民族共同体意识培育成效。高校可以通过开展民族团结教育、举办民族文化节等方式进行评估。高校通过

---

① 李寅，李翠，牛锐．阿拉坦仓：构建铸牢中华民族共同体意识一体化教育体系[N]．中国民族报，2022-02-15（5）．

综合考虑以上几个方面的评价结果，对壮族优秀传统文化融入大学生铸牢中华民族共同体意识培育的效果进行综合评价，可以更全面地了解学生对壮族优秀传统文化融入中华民族共同体意识的掌握程度。在评价过程中，可以采取定性和定量相结合的方式，结合数据统计、实例分析、问卷调查等方法，全面客观地评估壮族优秀传统文化融入大学生铸牢中华民族共同体意识培育成效。同时，高校要注重评价结果的反馈和改进，帮助学生理解评价的意义，提高学生对壮族优秀传统文化融入中华民族共同体意识的重视程度，以此对壮族优秀传统文化融入大学生铸牢中华民族共同体意识培育工作进行优化。评价机制应当以促进学生全面发展和自主学习为目标，注重培养学生的创新精神、传承应用能力和综合素质。

三、壮族优秀传统文化融入大学生铸牢中华民族共同体意识的推进向度

铸牢中华民族共同体意识是新时代高校引领大学生凝聚普遍意义的民族情感、强化中华文化身份认同的重要实践。中华民族共同体具有多种样态，其中文化共同体是激发高校大学生归属意识，塑造大学生中华民族共同体意识的核心和关键。壮族优秀传统文化作为共同精神元素，蕴含着丰富的思想政治教育资源，是高校教育中铸牢中华民族共同体意识的重要影响元素。实践中，高校要在辩证把握优秀传统文化与大学生共同体意识培育关系基础上，因时因势因人不断优化培育策略，确保铸牢共同体意识的整体效能。

（一）溯本清源：突出优秀传统文化多元一体的价值引领

中国是一个多民族国家，各民族在长期的交往中互相交融、互相影

响，共同创造了悠久的中国历史、灿烂的中华文化，形成了多元一体的独特文化现象。"多元一体"是中华民族的文化格局和特色，体现了中华民族丰富多样的民族文化和深厚的共同体意识。各族人民在中华大地和睦相处，形成了休戚相关、荣辱与共的多元一体观念与意识，反映了中华人民共同的历史和文化传统，促成了相互依存的、统一而不能分割的中华文化。多元和一体相互依存、相互促进，共同体现了中华民族文化大家庭的独特魅力。

中华文化是中华民族的精神命脉，始终是维系全体中国人的精神纽带，其多元一体的格局和特色是包含壮族在内的各民族优秀传统文化和传统美德的集中体现。中华文化是各民族共有的精神家园，是中华民族的根和魂的寄托。在漫长的历史发展进程中，中华文化不仅体现了各民族的文化特色，还把各民族文化紧密联系在一起，形成了多元一体的格局。中华文化是多元一体的文化，培育大学生中华民族共同体意识要避免割裂"多元"与"一体"的关系。中华文化的多元一体性体现在各民族文化的相互影响和共同创造上，不同民族的文化在相互交流中融合，相互借鉴，互相影响，形成了共同的核心价值观、道德准则和文化习俗，这种融合又保留了各民族的文化特色。同时，中华文化中有许多各民族共同的符号，如汉字、儒家思想、音乐、绘画等，成为各民族共同的文化纽带。

突出优秀传统文化多元一体的价值引领作用，是指在壮族优秀传统文化融入大学生铸牢中华民族共同体意识培育工作中，应该坚持多元性融入一体性的价值引领。在大学生中华民族共同体意识培育中，要加强对中华文化的认同，深化对"中华文化是各民族文化之集大成"的认识，也应当深刻理解中华民族是由 56 个民族组成的集合体，各个民族的文化交流与交融是中华文化形成的重要基础，这种多元多层次的民族结构，是中华文化形成的重要前提。①要避免割裂"多元"与"一体"的关系，更要深化对中华文化多元一体性的理解和把握，体现对多元性的尊重与包容，同时保持一体性的认同与凝聚力，这样才能真正构建一个和谐、稳定、多样的中华民族共同体意识培育路径，有助于增进学生对中华文化的认同和理解，促进不同民族的交流与融合，加强中华民族共同体意识的培育。

（二）情感共鸣：突出中华各族人民亲如一家的情感体验

中华文化积淀着中华民族最深层的精神追求，是中华民族独特的精神标识②，因此增强文化认同是新时代牢固树立文化自信的动力来源，也是人们在世界文化激荡中站稳脚跟的坚实根基。将壮族优秀传统文化融入大学生铸牢中华民族共同体意识，不仅是为了传承和弘扬中华文化，还是为了推动与中华优秀传统文化的融合创新，突出中华民族亲如一家的情感体验。

一是要坚持强化引领、形成共鸣。一种文化能不能传承和发展，关键取决于贯穿其中的核心价值观能否唤起民族共鸣。社会主义核心价值观贯穿于中华文化，既凝结着全体人民共同的价值追求，蕴含着社会主义现代化价值目标和追求，也是当代中国精神的集中体现，决定了文化的性质和方向，是凝聚民心、汇聚民力为实现中华民族伟大复兴的中国梦而努力奋斗的强大力量。人们只有不断巩固铸牢中华民族共同体意识的思想基础，才能真正实现中华民族文化自信和繁荣发展。

二是要坚持兼收并蓄、互鉴融通。中华文化作为中华民族的精神遗产，经过数千年的历史积淀，有着深刻的历史渊源和背景，已经形成了

---

① 张志巧，张建春.布洛陀文化与壮族地区中华民族共同体意识的培育 [J].广西师范学院学报（哲学社会科学版），2018，39（4）：82-86.

② 罗汉光.壮族优秀传统文化的育人价值及其实现路径研究 [D].桂林：广西师范大学，2018.

独特的气质。中华文化的包容性和多元性，使得它融合了壮族文化在内的其他民族文化的精华，逐渐呈现出多元一体性。各民族文化之所以繁荣发展，就在于其互鉴融通的内在品质。中华民族各族群之间广泛的交流和互动不仅促进了各民族之间物质和文化的交流，还使得中华民族的文化更加多元和开放。中华文化包容性强，不排斥其他民族的文化和思想，因此博大精深、源远流长。

三是要坚持传承保护、创新交融。要善于古为今用、推陈出新，在继承中转化，在学习中超越，不断激发文化创新创造活力，增强中华文化认同，更好地彰显中国精神、中国价值、中国力量。要与时俱进，促进壮族优秀文化紧跟时代步伐，积极融入新时代文化产业体系，不断开发新的育人潜力，形成文化产业发展新格局。要不断加强对民族文化的保护并促进其创新发展，深入挖掘壮族优秀传统文化的深厚底蕴和发展历程，进一步传承和弘扬中华文化的独特精神，使中华文化在新时代铸牢大学生中华民族共同体意识中呈现出时代价值。

（三）守正创新：丰富中华民族共有精神家园的精神标识

壮族优秀传统文化作为中华优秀文化的重要组成部分，具有深厚的历史底蕴和独特的风格。在中国特色社会主义文化繁荣发展的当下，传承和创新壮族优秀传统文化，对丰富大学生中华民族共同体意识育人资源具有重大价值。壮族优秀传统文化中丰富的民族传统美德和价值观念等共有的精神标识，推动其与中国特色社会主义文化相互融合，通过创造性转化，赋予其更多的现代内涵和时代特色，能够使其与大学生中华民族共同体意识培育相适应，发挥独特的理论支撑和价值支持作用，为大学生提供铸牢中华民族共同体意识的丰富资源[1]，也为大学生中华民族

---

[1] 胡萍，黄昭彦.壮族传统文化对培育社会主义核心价值观的作用及实现路径[J]. 新西部，2021（9）：98-100.

共同体意识培育奠定扎实的社会文化基础。

一是要拓宽民族团结进步教育内容，提供精神食粮。要加强对壮族优秀传统文化的传承和创新，使其与民族团结进步教育内容相融合，为学生提供丰富的思想滋养和人文关怀。壮族优秀文化是中华优秀传统文化的组成部分，是在我国社会发展实践基础上形成的，能够合理转化和阐释壮族文化中的丰富资源，可以让学生了解壮族文化的价值观，如团结互助、诚信友善、勤劳奉献等，从而在拓宽民族团结进步教育中培养学生的集体主义精神、社会责任感和良好行为习惯。这样一来，壮族文化不仅可以为拓宽民族团结进步教育提供丰富的养料，还能够为学生的人格塑造和道德素养提供积极的指导。

二是要拓宽民族团结进步教育内容，提供文化资源。在拓宽民族团结进步教育内容方面，壮族优秀传统文化提供了丰富文化资源。作为民族繁衍过程中形成的少数民族文化之一，壮族优秀传统文化包含民间文学、节庆文化等，这些经过千百年传承的文化资源不仅是壮族人民传统文化的重要组成部分，还是壮族人民凝聚力量、传承文化的重要载体，是民族宝贵的精神财富。应充分挖掘和利用壮族优秀传统文化中富含的丰富资源，注重对其进行研究、传承和弘扬，将其与拓宽民族团结进步教育内容相结合，为学生提供丰富的文化滋养和思想引领，更好地传承和发扬中华民族的优秀文化传统，为拓宽民族团结进步教育内容提供了有力支持。

三是要拓宽民族团结进步教育内容提供丰富文化载体。开发丰富的民族团结进步教育文化载体，利用好多媒体、互联网等信息化手段，依托壮族优秀传统文化资源优势，积极打造"有形、有感、有效"的民族团结进步教育示范教育载体；讲好民族团结进步的故事，开展多种形式的文化展示和交流体验。引导学生亲身感受和体验民族传统文化的魅力，让民族团结进步教育"看得见、摸得着、学得透"，提升对文化的认同感和情感融入，不断促进各民族交往交流交融，积极构筑中华民族共有精神家园，持续推动大学生中华民族共同体意识培育高质量发展。

四、壮族优秀传统文化融入大学生铸牢中华民族共同体意识的主要路径

壮族优秀传统文化融入大学生铸牢中华民族共同体意识是一项复杂的系统性工程，因此必须全面考虑"融入"的各影响因素，统筹兼顾提出实践路径。通过认知构建，铸牢中华民族共同体意识；通过情感培育，形成中华优秀传统文化价值观与民族认同；通过教育培养路径，全面落实高校立德树人根本任务；通过实践养成，传承多民族文化的共有元素，实现壮族优秀传统文化融入大学生铸牢中华民族共同体意识路径优化。

（一）认知建构路径

理性认知是实现客体主体化的前提和基础，理性认知是指通过思考、推理和分析等思维过程，以理性的方式获取、理解和处理信息的能力，也是主体意识向高级阶段发展的起点，理性和科学的认知建构在大学生中华民族共同体意识培育过程中具有重要的作用。在中华民族共同体意识的形成中，理性认知可以帮助个体和集体认识到共同体的价值和意义，理解其中的文化、传统和情感联系。理性认知使个体能够从客观事实和科学知识出发，思考并理解中华民族的历史、文化、传统以及不同民族的共同点和差异性。同时，理性认知有助于消除误解和偏见，促进不同民族之间的相互尊重和理解，推动民族团结和社会进步，进而中华民族共同体意识可以更好地被培育对象所接受和认同，有助于铸牢中华民族共同体意识。

一是重视政治认知。对中华民族共同体的政治认知是指中华民族

作为一个整体对于共同生活、共同发展、共同命运的认同和意识。这种意识的建立和发展需要人们对历史与现实进行认知，并从中找到铸牢中华民族共同体意识的方位和要求，实质上就是对当前铸牢中华民族共同体意识的历史方位与现实要求的认知和把握。[①] 在政治认知中，人们需要认识到历史对于民族共同体意识塑造和发展的重要性。通过学习中华民族的历史，人们可以了解到中华民族的复杂性、多元性和包容性，这种历史认知可以帮助人们更好地理解中华民族的共同价值观和共同命运感。政治认知也需要人们关注当前的社会现实和要求。人们需要认识到当今世界的变化和全球化趋势，以及中华民族复兴这个大背景下所面临的机遇和挑战。这些问题对中华民族共同体的发展和建设有着重要影响。只有对这些现实有足够的认知和把握，才能更有效地推动对中华民族共同体意识的政治认知和培育，进一步夯实铸牢中华民族共同体意识理性基础。从内容来讲，中华民族共同体政治认知教育应该是多面向、多层次和交互的，包括壮族优秀传统文化与国家治理、民族理论与民族政策、民族史与民族关系、中华文化传承等诸多内容。在教育方法上，强调的是内容与表现形式的适当匹配、内容逻辑与内涵的密切关联，以及内容板块之间的互补与促进，相较于增加单一课程，更应注重整体认知内容的丰富与完整。[②] 从教育实效讲，要坚持常态化与动态化统一、平衡，建立较为全面、立体的壮族优秀传统文化教育课程体系，进而通过横向与纵向、主题与专题等多维度的知识嵌入与融合，达到"润物细无声"的教育渗透效果。只有深入了解和思考中华民族的历史和现实，通过教育和社会环境的引导，培养人们的理性思维能力和科学素养，以及促进理性思考和客观

① 曾燕. 大学生铸牢中华民族共同体意识的行为特点及教育对策研究 [D]. 桂林：桂林理工大学，2022.

② 青觉，王敏. 认知、情感与人格：高校铸牢中华民族共同体意识教育的政治心理建构 [J]. 民族教育研究，2021，32（6）：26-36.

认知的普及，才能更好地铸牢中华民族共同体意识，持续推进民族团结进步教育走深走实。

二是加强文化认知。融入中华民族共同体文化认知教育是促进中华民族共同体意识形成和发展的重要途径之一。特别是在壮族优秀传统文化方面，可以通过凝聚文化象征符号和具象元素等方式，来进行教育和传承。一方面要体现壮族优秀传统文化在物质、精神和制度等方面的丰富内容与多维结构，为了实现这一目标，高校可以开发专门的通俗读本，将壮族优秀传统文化融入其中，作为教学材料引入相关的教材和课程内容体系中。教学材料要涵盖壮族的历史、风俗习惯、音乐舞蹈、民间艺术等，通过通俗的语言和易于理解的方式，向大学生介绍和传授壮族优秀传统文化知识。另一方面坚持以文化育人，体现学生的主体性，塑造各民族成员个体人格，凸显个体社会化的牵引功能以及对民族社会的文化整合功能。教育目标可以包括培养学生对壮族文化的认同和尊重，弘扬中华民族传统美德，加强民族团结和共同进步的意识。在思政教育的课程设计中，可以将中华民族共同体意识和壮族优秀传统文化的内涵融为一体，使学生在深化文化认知中不断铸牢中华民族共同体的意识。

三是丰富体验认知。体验认知是指通过多样化的实践活动和认知经历，使学生能够更加全面地认知和理解所学的知识和概念。以情感共鸣、亲身体验、情感表达等方式，引导学生进行学习，以兴趣和热情等构成学习动机，这有助于铸牢中华民族共同体意识培育实践。通过丰富的培育元素、精湛的教学艺术和情感教学技巧来引导学生产生"情感—体验"共鸣，进而实现认知的目标，是一种非常有效且富有感染力的教学方式。大学生中华民族共同体意识培育应该注重学生的"情感—体验"和"逻辑—认知"的有机结合，促进学生在学习过程中全面发展。这需要创造积极的培育环境，设计富有情感和体验的教学活动，同时培养学生的逻辑思维和认知能力，学生的"情感—体验"和"逻辑—认知"

学习活动的有机组合可以发挥"整体大于部分"的效果。同时，将壮族优秀传统文化体验融入中华民族共同体意识培育，可以进一步加强学生的"情感—体验"共鸣。教师可以引导学生参与各种文化体验活动，让他们亲身感受和体验文化的内涵和情感价值。通过情感教学技巧的运用，如讲述感人的故事、展示精美的文物、演示传统的仪式等，能够引起学生的情感共鸣，使他们更加深入地理解和感受文化意义，并达到认知的目标。

（二）情感培育路径

情感培育是从个体行为关系中挖掘特殊的价值关系，这可以被视为一种特殊的情感反应，这涉及个体对自己、他人和环境的情感态度和情感反应的培养，还涉及个体赋予行为的价值和意义。培育积极的情感态度和强化意志力可以促进个体的心理发展和行为改变。在壮族优秀传统文化融入大学生铸牢中华民族共同体意识视角下，情感培育具有"以情动人"的特征和"春风化雨"的功能。通过情感教育能够激发大学生对壮族优秀传统文化和中华民族共同体的情感接纳和价值认同，能够引导大学生群体产生稳定而持久的情感认同，使其成为具有深厚情感基础和文化自信的中华民族共同体成员。

培育大学生对中华民族共同体意识的情感认同主要是指在大学生对中华民族共同体意识的理性认知基础上，指导他们从个人情感的视角出发，对中华文化和中华民族共同体产生情感共鸣，以夯实壮族优秀传统文化融入大学生铸牢中华民族共同体意识培育的情感支撑。通过情感认同，大学生能够从内心深处理解和认同中华文化和中华民族共同体的价值和意义，产生情感上的共鸣和认同。

一是突出嵌入式培育。可以通过不同的形式和载体，将壮族优秀传统文化中的文学、语言、艺术、人物、风俗、历史故事等文化表征要素嵌入共同体意识培育。首先，可以将优秀传统文化教育纳入人才培养体系和思政公共课程群。例如，通过嵌入式培育，教师可以有针对性地融入爱国主义、崇德重义、和谐为贵等道德品质，通过讲授优秀传统文化中的相关经典著作和故事，引导学生在道德修养方面形成情感认同和价值共鸣。嵌入式培育可以通过讲述各民族共同参与、共同奋斗的历史进程，帮助大学生强化中华文化身份认同，激发他们对共同体意识的思考和认同。其次，可以通过先进模范事迹宣讲会、民族文化专题讲座、传统文化必修课、选修课、文化鉴赏课和综合素养课等形式，将优秀传统文化与国家意识和民族意识教育融为一体。例如，通过讲述先贤和英雄的事迹，教育学生崇尚正气和道德伦理；开展民族文化专题讲座和课程，让学生对壮族优秀传统文化等具体文化形态的内涵有更深入的了解与感受；在综合素养课中融合传统文化传承和国民意识教育，培养学生的文化素养、促进他们对中华文化的认同；在理性认知的基础上提升大学生的文化素养，巩固他们对中华文化的认同和身份认同。这样的教育方式不仅能够丰富学生的知识层面，增强他们对文化的理解和认同，还有助于塑造学生的情感态度和价值观念，促使他们意识到自己是中华民族共同体的成员，从而形成强烈的共同体意识认同。

二是突出沉浸式培育。沉浸式培育是一种基于身临其境的体验方式，通过创造一种沉浸式的环境和情境来培养特定的意识、认同和技能。在优秀传统文化和共同体意识的培育中，可以通过实地考察的方式，让学生近距离观察和体验优秀传统文化的艺术表现形式，感受优秀传统文化对人们思维方式、情感态度和行为习惯的影响。另外，还可以开设传统文化体验课程，让学生亲自参与壮族优秀传统文化实践活动，学习传统文化的技艺和技能；或让学生扮演角色、参与互动游戏和模拟体验等，通过身临其境的方式感受历史时期和传统文化的背景和氛围，体验传统文化的价值观、行为准则和社会互动方式。通过沉浸式培育的方式，可以让大学生全方位地了解和体验传统文化，从感性和实践层面深入认识和理解，加深他们对中华文化和中华民族共同体的情感认同和参与意识。通过家庭教育可以深入挖掘优秀传统文化中蕴含的家庭美德、家规家训，培养大学生对中华文化的继承性认知和情感认同，使他们在家庭生活中感受到传统文化的价值，并将之内化为自己的思想信念和行为准则。同时，通过在新媒体上传播与传统文化相关的故事、理念、价值观等，打造一个文化交流共享的网络空间。沉浸式培育能够创造一种身临其境的学习环境，提供更加真实和丰富的文化体验，进一步夯实壮族优秀传统文化融入大学生铸牢中华民族共同体意识培育的情感支撑。

三是突出场景式培育。场景式培育是以情景创设为手段，把知识应用、性情陶冶、思想教育等有机结合起来，通过创造具体场景和情境，变单一封闭式教学为多元开放式教育方式。学生通过设置的特定场景全方位地体验传统文化，能够更加直观、身临其境地感受壮族优秀传统文化的魅力和内涵，加深对中华文化的认知和理解，从而增强对中华民族共同体的认同。通过建设传统文化体验场馆、组织文化活动或文化体验、模拟历史场景或传统环境、创设虚拟现实或增强现实技术、创建虚拟的传统文化场景等，将优秀传统文化融入特色课程、创作表演和虚拟现实体验，更好地适应时代的发展和学生的需求。通过对壮族优秀传统文化蕴含的物质和精神要素进行加工和创新，可以将其形态融入共同体意识培育中，增强中华文化的魅力和吸引力。

（三）教育培养路径

大学生中华民族共同体意识培育是实现中国式现代化和中华民族伟大复兴的先导性、基础性、战略性工程，学校作为铸牢中华民族共同体意识培育实践的主阵地，要把握新时代大学生品德发展的特征，深入认识立德树人的历史意义、重视学生的主体性、把握其品德发展的规律，才能真正实现"立德树人"的目标。促使大学生铸牢中华民族共同体意识是高校立德树人工作中的一项重要内容，其重要意义是不言而喻的，高校需进一步增强使命感与责任感，聚焦人才培养重点任务，创新与时代相适应的育人机制，进一步探索建立以铸牢中华民族共同体意识为导向的教育模式，提升教育培养路径的实效，持续推动大学生中华民族共同体意识培育工作落实落细。要着力强化思想引领，探索建立以铸牢中华民族共同体意识为导向的教学体系。[①] 同时，以铸牢中华民族共同体意识为主线，打牢民族团结进步的思想根基。

一是构建课程体系。课程体系构建是高校落实立德树人根本任务的关键，因此要构建适应时代育人要求的课程体系，并在教学实践中不断挖掘应用壮族文化育人元素，将壮族优秀传统文化纳入课程设置和教学内容。同时，要在课程目标设置上发挥好关键课程的关键作用，要强化顶层设计、完善政策保障，通过有目的、有计划、有组织的教育活动，将其融入铸牢中华民族共同体意识培育，全面推进课程体系的改革和创新。

课程体系建设不仅要注重知识传授和学科技能培养，还要厚植各民族大学生家国情怀，打造以中华民族共同体思想为基础的关键课程，并设定明确的课程目标和指标，而课程目标应包括培养学生的民族认同感、国家意识、社会责任感等。中华民族共同体意识培育从本质上来讲还是思想政治教育，应该加强对课程设置的引导和监督，制定相应的政策和规范，构建思政课教学内容体系，与高校思想政治理论课在价值目标、教学内容、教育载体等方面高度契合，也要加强对教学质量的评估和监控，保证课程目标得到贯彻和实现。要坚持以铸牢中华民族共同体意识为主线，将壮族优秀传统文化贯穿于课程的各个层次和模块，把教学内容设计和方式方法改革、实践教学创新和师资队伍建设等有机融合，建立既符合高校教育教学一般规律、又能够体现民族地区和高校特

① 徐亲连. 融媒体视域下大学生铸牢中华民族共同体意识研究：以广西高校为例[D]. 桂林：桂林电子科技大学，2022.

点的大学生中华民族共同体意识培育课程体系。

二是开发教育资源。要发挥壮族优秀传统文化资源优势，把民族团结进步的故事融入教育教学，充分发挥课堂教学的固本强基作用，纳入各级各类学校教学计划。坚持从坚定"五个认同"的角度深入挖掘和开发教育资源，创建壮族优秀传统文化数据库、搭建中华民族文化遗产资源平台，通过收录各民族的历史文献、史料、影像资料和音乐、艺术、戏曲、节庆风俗等多个方面的文化素材，编写和整理中华民族的核心价值观教材资源，将铸牢中华民族共同体意识贯穿于大学生思想政治理论课、专业课和通识课等。同时，在通识课程和选修课程中多穿插壮族优秀传统文化、民族团结的内容，丰富课程数字化教学资源。要抓好壮族优秀传统文化教育资源，引导教师开展教学与理论研究，加强民族学科、课程资源和师资队伍建设，注重教育资源的多样性和开放性，提升铸牢中华民族共同体意识教育的成效和质量。

三是创新教学方法。高校面对的教育群体思维更加活跃、信息来源更加多元，对教学方法的创新需求更高，这就要求充分运用现代化教育技术，增加学生的参与度和教学的时代性，不断优化教学方式和教学环境，为大学生提供更符合他们学习需求的体验式课堂环境，满足大学生对信息获取和多元化学习方式的需求。通过组织实践活动和体验式教学，如博物馆考察、文化遗址调研、民族社区服务等，形成时时育人、处处育人、人人育人的良好氛围，以加深大学生对中华民族共同体的体验和认知。要积极营造符合新时代大学生需求的教学环境，将教学主题与高校、地域现实情况相结合，考虑多样性和包容性原则进行教学设计，灵活采用讲述、讨论、案例分析、实地考察等教学方法，促进学生主动参与和思考，培养学生的多元思维和综合能力，鼓励学生尊重和包容不同的文化传统和观点。

（四）实践养成路径

实践养成是指通过实际的、具体的、真实的行为和活动，来培养和提升人们的素质、能力和习惯的一种方法。它强调在实践中学习，注重实践过程和实践结果，帮助人们在实践中积累经验，提高对事物的认识和理解。壮族优秀传统文化融入大学生铸牢中华民族共同体意识培育应注重实践引领，这是中华优秀传统文化在高校落地生根的重要方式。要通过实际的、具体的、真实的行为和教育活动，使学生产生思想共鸣和价值认同，深刻领悟中华优秀传统文化的精神内涵。要遵循学生认知规律和教育教学规律，坚持传承与发展的统一，使其符合现代社会的需求和大学生的接受路径。在实践中结合新时代发展要求，把中华民族共同体意识培育贯穿高校教育教学的全过程，根据党的民族理论和民族政策，结合实际，因势而化、因时而进，融入日常。① 要深入挖掘壮族优秀传统文化中蕴含的丰富中华民族共同体意识育人素材，并阐释其历史渊源、文化内涵和价值，为实践养成提供理论支持。在传承壮族优秀传统文化上，要注重创新，结合时代特点，推出符合当代审美和价值观的文化产品和实践活动。引导大学生树立正确的民族文化观念，增强大学生的社会责任感，创新实践育人新载体、新方法和新路径，坚持传承和发展各民族优秀传统文化，不断增强中华文化共同性认知。

一是完善教育教学体系。高校担负着文化传承和人才培养的重要责任，应该积极推动民族团结进步教育，充分发挥壮族优秀传统文化在大学生思想政治教育中的育人作用，在重要节点开展好民族团结进步教育。将壮族优秀传统文化传承、树立民族团结进步教育认识作为入学入校第一课，增强学生对民族多元文化的认知，使其更好地融入大学生活

---

① 刘丽欢.共生理论视域下高职院校校企跨国合作短板及对策[J].广西教育，2022（21）：4-6，10.

和文化环境，促进不同民族之间的相互了解和深入交流。①同时，要鼓励大学生选定与铸牢中华民族共同体意识相关的主题开展研究，可以采用文献研究、田野调查、成果交流等方式，对中华民族的历史、文化、社会问题进行思考，促进不同民族之间的相互了解和交流，培育学生的民族团结意识和文化包容性。高校人才培养全过程中，应开设专门的教育课程或教育模块，将党的民族理论和民族政策以及民族文化纳入大学生学业计划，为学生提供更多的实践课程和载体，特别是在民族地区开展的实践项目，注重将理论与实践结合起来，更深入地了解党的民族理论在实际中的应用和民族政策的实施过程。开发主题实践课程，利用好壮族优秀传统文化育人优势资源，设计实践活动、搭建实践平台，促进大学生民族文化交融与情感交流，培育相互尊重、相互欣赏的积极心理，培育各民族大学生的中华民族共同体意识。在毕业生中开展民族团结进步主题离校教育，就业择业教育中引导大学生关心关注民族地区的发展需求，鼓励大学生扎根民族边疆地区，积极投身民族地区发展实践，自觉承担实现中华民族伟大复兴的历史重任。

二是建好校园文化平台载体。校园文化是学校在长期的人才培养实践中，随着时间的推移和历史的变迁形成的具有动态性、传承性和时代性的文化育人系统，它是一所学校办学理念、教育特色、文化氛围历史和传统的集中体现，也是学生成长成才的人文土壤。通过校园环境、建筑、文化艺术活动和管理文化等形式传递民族团结的核心价值观和精神内涵，将民族团结进步教育融入多种形态的校园文化环境中，创造出具有民族特色的校园文化氛围。校园文化平台不仅体现在学校的历史和传统中，还体现在学校的学科设置、校风校训、规章制度等方面，这些都是文化平台的重要组成部分。同时，要注重宣传平台建设，强化网络育

---

① 吕顺岷，苏欣.民族地区大学生中华民族共同体意识培育常态化机制研究[J].广西教育，2022（21）：7-10.

人优势，利用校园媒体、网络平台等宣传教育渠道，全面打造线上线下协同教育的良好格局，推出相关的海报、宣传片、线上学习资源等，向全体学生普及党的民族理论和民族政策。例如，举办各类主题活动，展示少数民族的文化艺术、风俗习惯等，以图文并茂的方式向学生介绍党的民族理论。培育充满民族团结文化气息的校园文化氛围，从而不断增强中华民族一家亲的意识，凸显校园文化育人成效。

三是贯穿第二课堂育人。第二课堂是高校育人的重要载体，提供了丰富多样的文化知识，是培养个人价值理念的重要途径，高校要在第二课堂中体现民族团结进步教育元素，善于利用壮族优秀传统文化开展铸牢中华民族共同体意识第二课堂活动。结合壮族优秀传统文化和大学生心理行为特点，明确第二课堂教育的目标任务，不断拓展开展第二课堂民族团结进步教育的方式和途径，不断探索内容丰富、形式多样、教育性强、覆盖面广的民族团结进步教育第二课堂。坚持以"铸牢中华民族共同体意识"为根本方向，坚持课内课外、校内校外、网上网下结合、相互支撑的"第二课堂"工作体系，同向汇聚大学生中华民族共同体意识培育的理论武装。发挥师生主体性作用，引导师生交流交往交融，教育引导各族学生准确把握中华民族意识与各民族意识关系，画出民族团结最大同心圆，自觉成为民族团结的践行者、传播者、捍卫者。

第六章
结论与展望

　　中华民族共同体是我国各民族历史文化的传承，铸牢中华民族共同体意识是民族工作主题主线，是国家统一之基、民族团结之本，更是建设各民族共有精神家园，实现中华民族伟大复兴中国梦的必然要求。建设教育强国是中华民族伟大复兴的基础工程，高校作为人才培养的重要基地，需要不断优化中华民族共同体意识培育路径，深化"五个认同"，切实引导大学生树立正确的历史观、民族观、国家观和文化观，坚定理想信念，坚决维护民族团结和国家统一。

　　文化是一个民族的根基和灵魂，文化认同是民族团结的根脉，所以说文化认同是最深层次的认同。本书研究文化融入就是为了在全球化、信息化背景下，使大学生群体更好地传承和创新中华文化，坚定文化自信，从而促进民族团结进步。壮族优秀传统文化作为中华优秀传统文化的重要组成不分，对构筑各民族共有精神家园、弘扬社会主义核心价值观、帮助大学生铸牢中华民族共同体意识起着关键作用。本书内容有助于推动各民族文化的传承保护和创新交融，在文化上相互尊重、相互欣赏、相互学习、相互借鉴，树立和突出各民族共享的中华文化符号和中华民族形象，增强包括壮族在内的各族人民对伟大祖国、中华民族、中华文化、中国共产党和中国特色社会主义的深刻认同。

一、研究的主要结论

　　铸牢中华民族共同体意识在新时代党的民族工作之中具有主线地位，坚持准确把握我国是统一多民族国家的基本国情，把维护国家统一和民族团结作为各民族的最高利益，对高校大学生中华民族共同体意识培育提出了新的更高要求。广西是一个以壮族为主体、多民族共同居住的民族聚居区，人杰地灵，历史文化底蕴深厚，形成了丰富多彩的壮族优秀传统文化。壮族文化是基于其所处的地区自然环境，在长期的民族交往中逐渐形成的，具有地域性、灵活性、多元性、交融性等特点。具有民族代表性和文化典型性的壮族优秀传统文化，是中华优秀传统文化的重要组成部分。壮族优秀传统文化是壮族人民在民族交往交流交融过程中创造出来的宝贵精神财富，承载着丰富的精神和情感。挖掘壮族优秀传统文化中蕴含的思想、精神和道德伦理，开展壮族优秀传统文化融入大学生铸牢中华民族共同体意识培育研究，有利于拓展和丰富大学生民族团结进步教育的视域和空间，同时有利于壮族优秀传统文化的传承创新，对大学生铸牢中华民族共同体意识，推动民族团结进步模范区建设，具有重要价值和时代意义。

壮族优秀传统文化与大学生中华民族共同体意识培育具有密切的内在逻辑关联。中华民族共同体是指具有历史文化联系、稳定的经济活动特征和心理素质的民族综合体，是各族人民在长期历史发展中形成的你中有我、我中有你、谁也离不开谁的民族共同体，是不同民族成员之间相互认可和遵循共享的优秀传统文化的命运共同体。壮族优秀传统文化是中华优秀传统文化的重要组成部分，是中华民族共同的精神家园之一，是共同体意识培育的沃土，新时代应辩证把握二者之间的内在逻辑关联性。壮族优秀传统文化与大学生中华民族共同体意识培育的内在逻辑关联主要为：文化符号的表征可促进中华民族共同体意识培育的记忆认同，精神文化的需求能增强中华民族共同体意识培育中的情感认知，传统文化的延续能巩固中华民族共同体意识培育的行为表达。

要将壮族优秀传统文化融入大学生铸牢中华民族共同体意识培育，就要先解决"融入什么"的问题，这需要深入挖掘壮族优秀传统文化融入的育人元素。壮族优秀传统文化中有诸多国家级非物质文化遗产，古骆越文化更是拥有悠久的历史文化内涵，另包含诸多红色革命文化遗产。壮族优秀传统文化融入大学生铸牢中华民族共同体意识培育的主要内容包括以下几点：一是壮族优秀传统文化蕴含对伟大祖国的认同；二是壮族优秀传统文化蕴含对中华民族的认同；三是壮族优秀传统文化蕴含对中华文化的认同；四是壮族优秀传统文化蕴含的对中国共产党的认同；五是壮族优秀传统文化蕴含的对中国特色社会主义的认同。

构建壮族优秀传统文化融入大学生铸牢中华民族共同体意识培育的实践体系。将壮族优秀传统文化融入大学生铸牢中华民族共同体意识培育，是一个系统性工程，需要各方面有机结合，需要理顺体制机制。只有构建科学的实践体系，提出机制策略，才能有效推动壮族优秀传统文化融入大学生铸牢中华民族共同体意识培育这一系统性工程顺利运行。壮族优秀传统文化融入大学生铸牢中华民族共同体意识培育的机制策略主要包括以下几点：一是构建融入大学生铸牢中华民族共同体意识培育的协同机制；二是丰富融入大学生铸牢中华民族共同体意识培育的引领机制；三是完善融入大学生铸牢中华民族共同体意识培育的保障机制；四是探索融入大学生铸牢中华民族共同体意识培育的评价机制。

将壮族优秀传统文化融入大学生铸牢中华民族共同体意识培育的实践成效显著，但其中仍然存在一些薄弱环节。广西是全国民族团结进步示范区，长期以来，在民族团结进步、铸牢中华民族共同体意识，弘扬中华优秀传统文化，尤其是将壮族优秀传统文化融入中华民族共同体意识培育等方面，开展了大量卓有成效的工作，特别是在将壮族优秀传统文化融入大学生铸牢中华民族共同体意识培育方面进行了诸多有益的探索。笔者运用问卷调查、实地调研、数据分析等多种研究方法，深入壮族聚居区开展壮族优秀传统文化元素的挖掘与大学生中华民族共同体意识培育案例研究，通过田野调查，收集并挖掘第一手资料，分析民族文化风貌及传承，研究壮族优秀传统文化与中华民族共同体意识培育的逻辑关系，同时通过广泛调查和综合分析，初步弄清了壮族优秀传统文化融入大学生铸牢中华民族共同体意识培育的实际成效，主要体现在以下方面：一是坚持社会主义核心价值观为价值导向；二是坚持中华民族共同体意识培育为根本方向；三是坚持基于"多元一体"的壮族文化传承与发展；四是坚持以中华优秀传统文化为载体。尽管成效显著，但将壮族优秀传统文化融入大学生铸牢中华民族共同体意识培育仍然存在以下主要问题：从培育目标来看，中华民族共同体意识培育教化效果不明显；二是从融入方法来看，融入中华民族共同体意识培育路径单一；三是从融入对象来看，大学生壮族优秀传统文化认知不足；四是从融入内容来看，壮族优秀传统文化元素挖掘薄弱。

壮族优秀传统文化融入大学生铸牢中华民族共同体意识培育的推进向度。壮族优秀传统文化作为共同精神元素，蕴含着思想政治教育丰富资源，是高校教育中铸牢中华民族共同体意识的重要元素，要在辩证把握优秀传统文化与大学生共同体意识培育关系基础上，因时因势因人不断优化培育，确保铸牢共同体意识的整体效能。壮族优秀传统文化融入大学生铸牢中华民族共同体意识培育必须解决"怎么融"的问题，即融入的策略。本书认为，将壮族优秀传统文化融入大学生铸牢中华民族共同体意识的培育策略主要包括以下几点：一是溯本清源：突出优秀传统文化多元一体的价值引领；二是情感共鸣：突出中华各族人民亲如一家的情感体验；三是守正创新：丰富中华民族共有精神家园的精神标识。

壮族优秀传统文化融入大学生铸牢中华民族共同体意识培育的路径。要想使壮族优秀传统文化融入大学生铸牢中华民族共同体意识取得好的成效，必须明确融入的路径。要综合考虑"融入"的各种影响因素，做到统筹兼顾，发挥协调效应。要遵循认知规律和教育规律，循序渐进，环环相扣，使融入渐入佳境，收到实效。将壮族优秀传统文化融入大学生铸牢中华民族共同体意识培育的路径主要包括以下几点：一是认知建构路径——夯实铸牢中华民族共同体意识理性基础；二是情感培育路径——增强中华民族共同体观念与民族认同感；三是教育培养路径——全面落实高校立德树人根本任务；四是实践养成路径——强化优秀传统文化润物无声的养成。

将壮族优秀传统文化融入大学生铸牢中华民族共同体意识培育的主要方法。中华民族共同体具有多种样态，其中文化共同体是激发高校大学生归属意识的关键，铸牢中华民族共同体意识是新时代高校引领大学生凝聚普遍意义的民族情感、强化中华文化身份认同的重要实践。壮族优秀传统文化融入高校大学生中华民族共同体意识培育需要科学把握文化融入的规律，灵活采取嵌入式、转化式、渗透式的融入方式激发大学生对优秀传统文化的情感。将壮族优秀传统文化融入大学生铸牢中华民族共同体意识培育的主要方法包括：一是以系统构建加强壮族优秀传统文化融入高校人才培养全过程；二是以正面教育将壮族优秀传统文化传承升华为中华文化情感认同；三是以文化浸润汲取壮族优秀传统文化精神培育中华民族共同体意识；四是以实践教育养成社会行为情境引领民族文化融合发展；五是以理论嵌入提升文化认知促进中华优秀传统文化创新发展。

二、研究展望

中华优秀传统文化博大精深，民族文化丰富多彩，壮族文化具有独特的地域、语言和文化特征，对其开展研究较为复杂，将壮族优秀传统文化融入大学生铸牢中华民族共同体意识培育的研究，在新时代民族团结进步教育背景下，较为前沿，难度更大。笔者研究功底和理论积累不够深厚，调查研究实践经验有所欠缺，虽然对普遍性问题的研究较为充分，但在理论提升和论证分析方面相对薄弱，对壮族优秀传统文化融入大学生铸牢中华民族共同体意识培育理论的创新性研究不够；虽然对壮族优秀传统文化进行了大量的调研，但对丰富多彩的壮族文化内容教育价值阐释和挖掘应用还不充分。这些不足之处有待下一步继续深化研究与探索。

学习宣传贯彻习近平总书记关于加强和改进民族工作的重要思想，加强大学生社会主义核心价值观教育，深入开展中华民族共同体意识培育、民族团结进步教育等相关研究，是学界研究的大趋势。铸牢大学生的中华民族共同体意识，不是仅仅针对"民族地区"或者"少数民族"的大学生中华民族共同体意识培育的要求，其目标是培育全体大学生，以及各民族人民的中华民族共同体意识。可在本书的基础上，继续研究阐释中华民族共同体发展和中华民族多元一体演进的历史，进一步梳理壮族文化与中华文化的关系脉络，挖掘、整理和宣传广西各民族交往交流交融的实践经验，为促进各民族团结奋斗、共同繁荣发展，加强民族团结方面的理论和现实问题研究作出贡献，希望能为丰富和发展新时代党的民族理论、构建铸牢大学生中华民族共同体意识培育的话语体系助力。

参考文献

1. 经典著作

[1] 中共中央马克思恩格斯列宁斯大林著作编译局. 马克思恩格斯选集：第 1 卷 [M]. 北京：人民出版社，1972.

[2] 中共中央马克思恩格斯列宁斯大林著作编译局. 马克思恩格斯文集：第 1 卷 [M]. 北京：人民出版社，2009.

[3] 中共中央马克思恩格斯列宁斯大林著作编译局. 列宁选集：第 4 卷 [M]. 北京：人民出版社，1960.

[4] 毛泽东. 毛泽东选集：第 3 卷 [M]. 北京：人民出版社，1991.

[5] 中共中央文献研究室. 毛泽东文集：第 2 卷 [M]. 北京：人民出版社，1993.

[6] 江泽民. 江泽民文选：第 1 卷 [M]. 北京：人民出版社，2006.

[7] 胡锦涛. 胡锦涛文选：第 1 卷 [M]. 北京：人民出版社，2016.

[8] 习近平. 习近平谈治国理政：第 1 卷 [M]. 北京：外文出版社，2014.

[9] 习近平. 习近平谈治国理政：第 2 卷 [M]. 北京：外文出版社，2017.

[10] 习近平. 习近平谈治国理政：第 3 卷 [M]. 北京：外文出版社，2020.

[11] 习近平. 习近平著作选读：第 1 卷 [M]. 北京：人民出版社，2023.

[12] 中共中央文献研究室. 习近平关于社会主义文化建设论述摘编 [M]. 北京：中央文献出版社，2017.

[13] 中共中央文献研究室. 习近平关于青少年和共青团工作论述摘编 [M]. 北京：中央文献出版社，2017.

[14] 中共中央文献研究室. 建国以来重要文献选编：第 3 册 [M]. 北京：中央文献出版社，1992.

[15] 中共中央文献研究室. 建国以来重要文献选编：第 4 册 [M]. 北京：中央文献出版社，1993.

[16] 中共中央文献研究室. 十六大以来重要文献选编：中 [M]. 北京：中央文献出版社，2006.

[17] 中共中央文献研究室. 十八大以来重要文献选编：中 [M]. 北京：中

央文献出版社，2016.

[18]中央党史和文献研究院 . 十九大以来重要文献选编：上 [M]. 北京：中央文献出版社，2019.

[19]中央党史和文献研究院 . 十九大以来重要文献选编：中 [M]. 北京：中央文献出版社，2021.

[20]《党的二十大报告辅导读本》编写组 . 党的二十大报告辅导读本 [M]. 北京：人民出版社，2022.

2. 中文著作类

[1] 张耀灿，郑永廷，吴潜涛，等 . 现代思想政治教育学 [M]. 北京：人民出版社，2006.

[2] 张耀灿 . 中国共产党思想政治教育史论 [M]. 北京：高等教育出版社，2006.

[3] 艾四林，王明初 . 社会主义主流意识形态与当今中国社会思潮 [M]. 北京：人民出版社，2014.

[4] 郑永廷 . 思想政治教育方法论 [M]. 北京：高等教育出版社，2010.

[5] 冯刚，吴成国，李海峰 . 新时代高校思想政治教育前沿研究 [M]. 北京：人民出版社，2022.

[6] 骆郁廷 . 思想政治教育原理与方法 [M]. 北京：北京师范大学出版社，2019.

[7] 沈壮海 . 新编思想政治教育学原理 [M]. 北京：中国人民大学出版社，2022.

[8] 杨晓慧 . 当代大学生成长规律研究 [M]. 北京：人民出版社，2010.

[9] 刘建军 . 中国共产党思想政治教育的理论与实践 [M]. 北京：中国人民大学出版社，2008.

[10] 王易 . 传统文化与思想政治教育创新 [M]. 北京：中国大学人民出版社，2018.

[11] 傅安洲，阮一帆，彭涛 . 德国政治教育研究 [M]. 北京：人民出版社，

2010.

[12] 傅安洲，阮一帆，孙文沛，等．当代德国政治教育理论研究 [M].北京：
社会科学文献出版社，2023.

[13] 李祖超．教育激励论 [M].北京：中国社会科学出版社，2008.

[14] 李祖超，钟苹．担当实现重任的拔尖创新人才成长研究 [M].北京：
中国社会科学出版社，2021.

[15] 柳恩铭．思想政治教育的文化传承与创新研究 [M].广州：广东人民
出版社，2009.

[16] 顾友仁．中国传统文化与思想政治教育的创新 [M].合肥：安徽大学
出版社，2011.

[17] 李资源．中国共产党少数民族文化建设研究 [M].北京：人民出版社，
2011.

[18] 李资源．中国共产党与少数民族传统文化保护和发展研究 [M].北京：
人民出版社，2014.

[19] 高发元．中国西南少数民族道德研究 [M].昆明：云南民族出版社，
1990.

[20] 陈守聪，王珍喜．中国传统文化的价值与现代德育构建 [M].北京：
光明日报出版社，2013.

[21] 冯秀军．多元文化背景下的高校思想政治教育创新 [M].北京：中央
民族大学出版社，2008.

[22] 徐建军．少数民族大学生思想政治教育理论与方法 [M].北京：人民
出版社，2011.

[23] 梁军．壮族传统文化与社会主义核心价值观的培育研究 [M].桂林：
广西师范大学出版社，2019.

[24] 李玉雄．壮族优秀传统文化与社会主义核心价值观研究 [M].北京：
民族出版社，2020.

[25] 罗彩娟．"壮"心可鉴：壮族的族群认同与国家认同研究 [M].北京：

中国社会科学出版社，2019.

[26] 张立文．中国传统文化与人类命运共同体 [M]．北京：中国人民大学出版社，2018.

[27] 刘丽．族群与文化 [M]．南京：南京大学出版社，2021.

[28] 刘刚．中华优秀传统文化创造性转化和创新性发展 [M]．北京：社会科学文献出版社，2022.

[29] 詹小美．铸牢中华民族共同体意识研究 [M]．北京：人民出版社，2022.

[30] 虎有泽，尹伟先．铸牢中华民族共同体意识研究 [M]．北京：中国社会科学出版社，2019.

[31] 李静．中华民族共同体概论 [M]．北京：商务印书馆，2023.

[32] 赵奇．中华民族共同体建设实践探索 [M]．北京：中国社会科学出版社，2023.

[33] 高培勇．中华民族共同体建设理论研究 [M]．北京：中国社会科学出版社，2023.

[34] 邹诗鹏．哲学视野中的民族与中华民族共同体研究 [M]．北京：中国社会科学出版社，2023.

[35] 王瑞萍，马进，马虎银，等．铸牢中华民族共同体意识若干重要问题研究 [M]．北京：中国社会科学出版社，2021.

[36] 任初轩．怎样弘扬中华优秀传统文化 [M]．北京：人民日报出版社，2023.

[37] 赵坤，耿超．赓续文脉：传承发展中华优秀传统文化 [M]．重庆：重庆出版社，2020.

[38] 赵坤．中华优秀传统文化当代价值 [M]．桂林：广西师范大学出版社，2019.

[39] 朱汉民．中华优秀传统文化 [M]．北京：高等教育出版社，2023.

[40] 王红．中华优秀传统文化与中华民族伟大复兴 [M]．北京：人民出版社，

2018.

[41] 梁庭望.壮族历史文化研究 [M].北京：中央民族大学出版社，2021.

[42] 唐凯兴.壮族伦理思想研究 [M].北京：人民出版社，2016.

[43] 覃德清，杨丽萍.壮族诗性传统与文化建设整合研究 [M].北京：中国社会科学出版社，2023.

[44] 张声震.壮族文化遗产的整理与研究 [M].南宁：广西民族出版社，1994.

[45] 黄庆印.壮族哲学思想史 [M].南宁：广西民族出版社，1996.

[46] 黄桂秋.壮族传统文化与现代传承 [M].北京：光明日报出版，2016.

[47] 周光大.壮族传统文化与现代化建设 [M].南宁：广西人民出版社，1998.

[48] 覃彩銮.壮族传统文化调查 [M].南宁：广西民族出版社，2012.

[49] 覃德清.壮族文化的传统特征与现代建构 [M].南宁：广西人民出版社，2006.

[50] 金丽.壮族历史文化导论 [M].北京：民族出版社，2007.

[51] 姚霖.文化变迁与思想演进：壮族古代文化传承思想的历史研究 [M].北京：民族出版社，2020.

[52] 玉时阶.壮族民间宗教文化 [M].北京：民族出版社，2004.

[53] 邵志忠.壮族文化重组与再生 [M].南宁：广西人民出版社，1994.

[54] 李富强.人类学视野中的壮族传统文化 [M].南宁：广西人民出版社，1999.

[55] 杨宗亮.壮族文化史 [M].昆明：云南民族出版社，1999.

[56] 周艳鲜，覃丹.多元视角下的壮族民歌研究 [M].北京：世界图书出版公司，2014.

[57] 刘敬柳.壮族传统节日 [M].南宁：广西科学技术出版社，2018.

[58] 朱从兵，钱宗范.民族传统文化与当代民族发展研究：以广西壮族自治区为例 [M].合肥：合肥工业大学出版社，2008.

[59] 戴光禄. 壮族文化 [M]. 昆明：云南人民出版，2004.

[60] 黄雁玲. 壮族传统家庭伦理及其现代演变研究 [M]. 北京：民族出版社，2017.

[61] 王立高. 优秀传统文化融入青少年思想政治教育研究：以壮族文化为个案 [M]. 北京：中国社会科学出版社，2022.

[62] 梁庭望. 壮族文化概览 [M]. 南宁：广西民族出版社，2018.

[63] 喜饶尼玛，石竣淏. 中国少数民族文化研究 [M]. 北京：中央民族大学出版社，2005.

[64] 沃特森. 多元文化主义 [M]. 叶兴艺，译. 长春：吉林人民出版社，2005.

3. 中文期刊论文类

[1] 王易. 深刻把握马克思主义基本原理同中华优秀传统文化相结合的理论意蕴 [J]. 马克思主义研究，2023（7）：55-62，156.

[2] 王易. 马克思主义基本原理同中华优秀传统文化相结合的历史考察与时代要求 [J]. 马克思主义研究，2022（3）：120-127，156.

[3] 冯刚，鲁力. 习近平关于中华优秀传统文化重要论述的理论蕴涵 [J]. 湖南大学学报（社会科学版），2022，36（1）：1-10.

[4] 张新. 论习近平关于共同体重要论述的特征和原创性贡献 [J]. 马克思主义研究，2022（4）：46-55，155-156.

[5] 王贤卿，董扣艳. 习近平共同体思想的理论创新与时代价值 [J]. 马克思主义研究，2018（7）：27-34.

[6] 常安. 习近平中华民族共同体建设思想研究 [J]. 马克思主义研究，2018（1）：36-47.

[7] 杨鲜兰，程亚勤. 论习近平对人的全面发展理论的创新发展 [J]. 湖北社会科学，2020（4）：12-17.

[8] 康晓强. 论中华优秀传统文化同科学社会主义价值观主张的高度契合性 [J]. 马克思主义研究，2023（5）：46-62，156.

[9] 王炳林, 李盖启. 马克思主义同中华优秀传统文化相结合的时代价值[J]. 教学与研究, 2021（11）: 22-29.

[10] 李姝桥. 马克思主义基本原理同中华优秀传统文化相结合的内在逻辑[J]. 思想理论教育导刊, 2023（5）: 154-159.

[11] 韩美群. 新时代传承与发展中华优秀传统文化的方法论探析 [J]. 马克思主义与现实, 2020（5）: 97-102.

[12] 袁祖社. "中国价值"的文化发现及其实践意义 [J]. 中国社会科学, 2017（8）: 24-42, 203-204.

[13] 沈壮海, 史君. 传承发展中华优秀传统文化是文化自觉的时代体现[J]. 中国高等教育, 2018（7）: 20-21.

[14] 骆郁廷, 王瑞. 论中华优秀传统文化价值观的现代转换 [J]. 江汉论坛, 2015（6）: 28-33.

[15] 陈立鹏, 闫芸. 铸牢中华民族共同体意识的地方实践: 以广西为例 [J]. 中央民族大学学报（哲学社会科学版）, 2022, 49（5）: 14-22.

[16] 佘双好. 中华优秀传统文化与思想政治理论课教学 [J]. 理论与改革, 2021（1）: 30-35.

[17] 郭建宁. 优秀传统文化为治国理政提供丰厚滋养: 学习习近平关于中华优秀传统文化的重要论述 [J]. 中国特色社会主义研究, 2017（2）: 11-14.

[18] 李翔海. 从延续民族文化血脉中开拓前进: 论习近平中国传统文化观的时代意义 [J]. 中共中央党校学报, 2015, 19（6）: 22-28.

[19] 彭谦, 屈军卫, 杞茹. 中国共产党维护和促进民族团结的百年历史实践 [J]. 贵州民族研究, 2021, 42（5）: 25-31.

[20] 刘建军. 论马克思主义基本原理同中华优秀传统文化相结合 [J]. 中国人民大学学报, 2021, 35（6）: 14-23.

[21] 安丽梅. 思想政治理论课运用中华优秀传统文化资源的逻辑理路探析 [J]. 思想理论教育导刊, 2020（2）: 97-101.

[22] 欧阳军喜.马克思主义同中华优秀传统文化相结合的百年实践 [J].历史研究，2021（6）：13-20.

[23] 倪素香.中华优秀传统文化融入理想信念教育研究 [J].马克思主义理论学科研究，2023，9（5）：97-104.

[24] 刘建武.马克思主义基本原理与中华优秀传统文化相结合的历史必然性 [J].思想理论教育导刊，2022（2）：56-63.

[25] 韩美群.社会主义核心价值观与中华优秀传统文化的关联与融通 [J].思想理论教育导刊，2019（5）：85-89.

[26] 沈江平.思想政治理论课要重视在马克思主义指导下融入中华优秀传统文化 [J].思想理论教育导刊，2020（1）：113-116.

[27] 青觉，徐欣顺.中华民族共同体意识：概念内涵、要素分析与实践逻辑 [J].民族研究，2018（6）：1-14，123.

[28] 陈庆庆，李祖超.中华优秀传统文化融入大学生思想政治教育的路径创新 [J].思想政治教育研究，2020，36（4）：123-128.

[29] 青觉，赵超.中华民族共同体意识的形成机理、功能与嬗变：一个系统论的分析框架 [J].民族教育研究，2018，29（4）：5-13.

[30] 邹广文.论中华民族共同体的文化叙事结构 [J].哲学研究，2021（11）：5-13，127.

[31] 杨鹍飞.中华民族共同体认同的理论与实践 [J].新疆师范大学学报（哲学社会科学版），2016，37（1）：83-94.

[32] 陈智，赵文铎.铸牢中华民族共同体意识的中华优秀传统文化根基 [J].北方民族大学学报，2023（4）：5-13.

[33] 张欣.中华优秀传统文化助推中华民族共同体建设的路径探析 [J].北方民族大学学报，2023（3）：57-63.

[34] 赵伦娜，陈立鹏.文化传承视域下铸牢中华民族共同体意识教育研究 [J].学术探索，2023（2）：135-142.

[35] 王华华.优秀传统文化融入铸牢高校大学生中华民族共同体意识的实

践路径 [J]. 西南民族大学学报（人文社会科学版），2023，44（1）：
210-217.

[36] 朱丹. 高校中华优秀传统文化认同教育的四维建构与促进路径 [J]. 社
会科学家，2022（8）：141-147.

[37] 范蕾. 厚植中华民族共同体意识的文化底蕴 [J] 人民论坛，2022（15）：
107-109.

[38] 焦敏. 大力推进中华优秀传统文化融入中华民族共同体教育 [J]. 中南
民族大学学报（人文社会科学版），2022，42（8）：45-49，182-
183.

[39] 金海英，常畅. 边疆地区中华优秀传统文化教育的三维思考 [J]. 中南
民族大学学报（人文社会科学版），2022，42（8）：50-56，183.

[40] 海路，谢唯唯. 文化共生视域下中华文化的生成逻辑与教育路径 [J].
广西民族研究，2022（3）：138-144.

[41] 刘焕明，刘坤. 文化认同是铸牢中华民族共同体意识的根脉 [J]. 黑龙
江民族丛刊，2022（3）：8-13.

[42] 杨玢. 中国共产党传承和弘扬中华优秀传统文化百年实践的演绎向度 [J].
青海社会科学，2022（2）：24-31.

[43] 李永皇. 民族优秀传统文化的思想政治教育价值及其实现路径研究 [J].
贵州民族研究，2022，43（1）：121-127.

[44] 李卉青，何山河，黎岩. 要正确把握中华文化和各民族文化的关系，
增强中华民族共同体凝聚力 [J]. 北方民族大学学报，2022（1）：21-
27.

[45] 刘会柏. 弘扬少数民族优秀传统文化铸牢中华民族共同体意识 [J]. 上
海行政学院学报，2021，22（6）：80-88.

[46] 李玉雄. 铸牢中华民族共同体意识与少数民族文化自觉：基于壮族文
化的思考 [J]. 北方民族大学学报，2020（1）：29-35.

[47] 王瑜，陈晓琪. "文化自信" 观照下民族文化进校园的文化内涵及路

径 [J]. 民族教育研究，2019，30（1）：12-18.

[48] 范君，詹小美. 铸牢中华民族共同体意识的文化方略 [J]. 思想理论教育，2018（8）：49-55.

[49] 孙乃龙，陈纪. 铸牢中华民族共同体意识的族际生态与实践路径 [J]. 中南民族大学学报（人文社会科学版），2023，43（7）：51-58，183.

[50] 刘绍卫，徐家贵. 中国共产党领导铸牢中华民族共同体意识的"广西经验" [J]. 广西社会主义学院学报，2023，34（1）：58-69.

[51] 李玲玲，孟凡丽. 铸牢中华民族共同体意识教育要义探析 [J]. 新疆大学学报（哲学社会科学版），2023，51（4）：51-57.

[52] 刘庆斌. 从相通到共享：铸牢中华民族共同体意识的文化逻辑 [J]. 中南民族大学学报（人文社会科学版），2023，43（6）：11-18，181.

[53] 张家玮. 中华优秀传统文化融入高校思想政治工作的三重向度 [J]. 国家教育行政学院学报，2023（6）：45-51.

[54] 周玉，廖小琴. 中华文化认同的内涵、结构与实现路径：兼谈铸牢中华民族共同体意识 [J]. 北方民族大学学报，2023（4）：55-63.

[55] 李贽. 新时代铸牢中华民族共同体意识的根本遵循：学习习近平总书记关于加强和改进民族工作的重要思想 [J]. 毛泽东邓小平理论研究，2023（5）：18-26，108.

[56] 詹小美，魏箭箭. 铸牢中华民族共同体意识的文化省思 [J]. 云南社会科学，2023（6）：59-69.

[57] 孙秀玲. 新时代西部民族地区铸牢中华民族共同体意识的文化方略 [J]. 新疆师范大学学报（哲学社会科学版），2022，43（4）：62-69.

[58] 熊雅妮. 中国共产党传承和弘扬中华传统文化的重要经验 [J]. 中南民族大学学报（人文社会科学版），2023，43（7）：1-9，181.

[59] 郑小九. 论中华优秀传统文化核心思想理念的创造性转化和创新性发展 [J]. 社会主义核心价值观研究，2023，9（2）：62-70.

[60] 王正坤，杨漫漫．基于扎根理论的中华优秀传统文化融入高校思政教育机制探究 [J].学校党建与思想教育，2023（8）：39-41.

[61] 马抗美，吴优．中华优秀传统文化融入大学生思想政治教育的价值思考与路径探析 [J].贵州民族研究，2023，44（1）：209-214.

[62] 李洋，何生海．中华民族大家庭话语的内涵意蕴与铸牢中华民族共同体意识 [J].北方民族大学学报，2023（4）：21-29.

[63] 张涛，高惠珠．以中华传统美德铸牢中华民族共同体意识 [J].北方民族大学学报，2023（4）：64-71.

[64] 陈屹．中华优秀传统文化视域下党内政治文化建设研究 [J].理论视野，2022（10）：88-93.

[65] 周俊华，李铭．国家政治符号在边境的传播与边民国家认同的建构 [J].云南社会科学，2022（3）：116-126..

[66] 苏小燕．保护传承文化遗产助推中华优秀传统文化教育 [J].中国高等教育，2017（24）：38-39.

[67] 陈铭彬，王炜．红色文化资源在高校思想政治教育中的实践路径 [J].广西民族大学学报（哲学社会科学版），2020，42（4）：171-176.

[68] 张师帅．论优秀传统文化在大学生思想政治教育中的价值及其实现 [J].国家教育行政学院学报，2015（8）：56-61.

[69] 金刚．以优秀传统文化推动铸牢中华民族共同体意识：基于焕发儒家文化生命力的分析视角 [J].中南民族大学学报（人文社会科学版），2021，41（9）：11-19.

[70] 王露．以思政课推进铸牢大学生中华民族共同体意识：思政教学"N+4+3"模式探究 [J].民族教育研究，2021，32（1）：57-64.

[71] 蓝汉林，仲帅．论苏联爱国主义教育的历史反思及其当代启示 [J].思想理论教育导刊，2018（2）：86-90.

[72] 王伟，张伦阳．新时代中国共产党铸牢中华民族共同体意识研究：逻辑缘起，价值意蕴和实践路径 [J].中央民族大学学报（哲学社会科学

版），2021，48（6）：38-49.

[73] 张淑娟，孙冉冉．论中华优秀传统文化与中华民族共同体意识的互动与统一 [J].学术界，2023（3）：53-63.

[74] 崔立颖．中华优秀传统文化在高校人才培养中的价值：评《中国传统文化的特质》[J].中国教育学刊，2021（8）：125.

[75] 蒙曼．江流九派尽朝宗：论新时代中国共产党铸牢中华民族共同体意识的文化路径 [J].中央民族大学学报（哲学社会科学版），2022，49（5）：5-13.

[76] 郑师渠．近代国人的现代国家认同：从戊戌变法到辛亥革命 [J].北京师范大学学报（社会科学版），2023（1）：115-132.

[77] 赵景欣，彭耀光，张文新．中华优秀传统文化传承与学生发展核心素养研究 [J].中国教育学刊，2016（6）：23-28.

[78] 陆卫明，王子宜．中国式现代化的中华优秀传统文化底蕴 [J].探索，2023（5）：14-25.

[79] 杨丽萍．主客体双重基因响应与壮族文化传承的微观实践 [J].广西民族研究，2018（1）：136-143.

[80] 周妍，郭世平．论壮族优良传统文化德育资源当代价值的表现与实践[J].广西社会科学，2017（12）：50-53.

[81] 蒋平．改革开放以来壮族传统文化的存续与变迁 [J].广西民族研究，2015（5）：99-105.

[82] 杨丽萍．从文化认知、文化自信到民族认同的转化与整合：壮族认同教育新论 [J].湖南师范大学教育科学学报，2012，11（6）：26-30.

[83] 韦浩明．抉择与发展：壮族文化认同的现状考察：以广西贺州市清塘镇壮族为例 [J].黑龙江民族丛刊，2008（2）：140-145.

[84] 陈家柳．壮族传统文化中的"天人合一"思想 [J].广西民族研究，2000（3）：57-61.

[85] 黄润柏．壮族传统节日的文化内涵 [J].广西民族研究，2015（6）：

95-101.

[86] 覃彩銮.壮族传统文化多元一体格局及其成因 [J].广西民族研究，1995（2）：37-45.

[87] 覃德清.论壮族传统文化结构的非整合性特征 [J].贵州民族研究，1992（3）：33-39.

[88] 邵志忠.壮族文化的审美意识与壮族历史文化 [J].广西民族研究，1992（1）：95-100.

[89] 李卉青，何山河，黎岩.要正确把握中华文化和各民族文化的关系，增强中华民族共同体凝聚力 [J].北方民族大学学报，2022（1）：21-27.

[90] 付文军.论习近平文化思想的原创性贡献[J].宁夏社会科学，2023(6)：5-11.

[91] 韩美群，邹茹澜.深刻把握习近平文化思想的本质要求 [J].决策与信息，2023（12）：16-20.

4.报纸文章类

[1] 何中华.深刻理解马克思主义基本原理同中华优秀传统文化相结合 [N].人民日报，2021-08-09（12）.

[2] 王远，颜欢.汇聚起中华民族共同体的磅礴伟力 [N].人民日报，2023-07-21（3）.

[3] 李昌禹.我国民族团结进步事业取得新的历史性成就 [N].人民日报，2022-08-18（4）.

[4] 陈沸宇，吴勇，张枨，等.中华民族共同体意识是民族团结之本 [N].人民日报，2022-03-06（2）.

[5] 中共国家民委党组.以铸牢中华民族共同体意识为主线推进新时代党的民族工作高质量发展的纲领性文献 [N].人民日报，2021-11-08（12）.

[6] 万建武.为铸牢中华民族共同体意识夯实历史根基 [N].人民日报，2021-09-27（10）.

[7] 周玮.用时代精神激活中华优秀传统文化生命力 [N].人民日报,2017-09-30（6）.

[8] 孙守刚.弘扬优秀传统文化振奋中华民族精神 [N].人民日报,2014-05-21（7）.

[9] 刘江伟.弘扬优秀传统文化,焕发创新创造活力 [N].光明日报,2022-03-08（5）.

[10] 周仕兴,王瑾雯.铸牢中华民族共同体意识 汇聚起各民族团结奋斗的强大力量 [N].光明日报,2022-10-21（4）.

[11] 蔡成勇.持续构建红色精神家园 铸牢中华民族共同体意识 [N].光明日报,2021-12-21（16）.

[12] 张胜.牢牢把握主线 建设中华民族共有精神家园 [N].光明日报,2021-09-09（7）.

[13] 彭景晖.让铸牢中华民族共同体意识深入人心 [N].光明日报,2021-08-30（1）.

[14] 曾令辉,陈敏.坚持和发挥制度优势 铸牢中华民族共同体意识 [N].光明日报,2019-12-25（2）.

[15] 王春楠,乔晓莹.有形有感有效铸牢中华民族共同体意识 [N].广西日报,2023-01-15（6）.

5.外文著作类

[1] BANKS J A.Educating Citizens in a Multicultural Society[M].New York：Teachers College Press，1997.

[2] GOLLNICK D M，CHINN P C.Multicultural Education in a Pluralistic Society [M].New Jersey：Merrill Prentice Hall，1994.

[3] CRAWFORD J.The Politics of Multiculturalism and Bilingual Education [M].Boston：McGraw-Hill，2000.

[4] DE BARY W T，CHAFFEE J W. Neo-Confucian Education[M].Berkeley：University of California Press，1989.

[5] COLLINSON D, WILKINSON R. Thirty-Five Oriental Philosophers[M]. London: Taylor and Francis, 1994.

[6] DENNERLINE J. Chia-ting Loyalists: Confucian Leadership and Social Change in Seventeenth-Century China[M]. London: Yale University Press, 1981

[7] GIEBEL H M. Ethical Excellence: Philosophers, Psychologists, and Real-Life Exemplars Show Us How to Achieve It[M]. Washington: The Catholic University of America Press, 2020.

[8] JASPERS K. The Origin and Goal of History[M]. London: Routledge Revivals, 2011.

6. 外文期刊论文类

[1] KARDAŠ G, BULJAN I. Freedom and the Problem of Action from Asian Perspectives – Buddha and Confucius[J]. Filozofska istraživanja, 2021, 41 (1): 65-87.

[2] LAWRENZ J. Confucius, Aristotle, and the Golden Mean: A Diptych on Ethical Virtues[J]. The European Legacy, 2020, 26 (2): 1-21.

[3] CHANG M K. Toward Relationally Engaging Confucian Texts as Contemporary Educational Resources[J]. Educational Studies, 2020, 56 (5): 482-505.

[4] BRASHER M S. Filial Norms, Altruism, and Reciprocity: Financial Support to Older Parents in China[J]. Journal of Population Ageing, 2021, 15 (1): 259-277.

[5] CHEN M S, EWEJE G. Establishing ethical Guanxi (interpersonal relationships) through Confucian virtues of Xinyong (trust), Lijie (empathy) and Ren (humanity) [J]. Corporate Governance: The International Journal of Business in Society, 2020, 20 (1): 1-15.

[6] RAMIZ R . Philosophy of God Form: Power Authorities, Functional

Position Levels, Religion and Science[J]. Philosophy Study, 2021, 11(3): 221-234.

[7] TAN C. An ethical foundation for global citizenship education: a neo-Confucian perspective[J]. Journal of Beliefs & Values, 2020, 41 (4): 446-457.

[8] KUNZMAN R. Religion Ethics and the Implications for Moral Education: a critique of Nucci' s Morality and Religious Rules[J]. Journal of Moral Education, 2003, 32 (3): 251-261.

[9] WHITMARSH G. The two Cultures Controversy: Science, Literature and Cultural Politics in Postwar Britain[J]. History of Education, 2010, 41 (1): 1-3.

[10] CONWAY P F. Cultural flashpoint: The Politics of Teacher Education Reform in Ireland[J]. The Educational Forum, 2013, 77(1): 51-72.

附录 1

壮族优秀传统文化
融入大学生铸牢中华民族共同体意识培育

调查问卷

您好！非常欢迎您参加此次问卷调查！本问卷旨在了解壮族优秀传统文化在大学生群体中传承的现状与特点，以期深入研究壮族优秀传统文化对于大学生铸牢中华民族共同体意识培育的价值，挖掘其蕴含的丰富的教育资源与内容。本问卷是匿名答题，所有选项没有对错、优劣之分，所有结果都将严格保密，所有相关资料只作研究之用。请您根据实际情况认真填写、放心答题，感谢您的配合。

第一部分

指导语：请根据自身的实际情况，在每题相应的选项上画"○"。

1. 您的性别是（　　　　）

　　A. 男　　　B. 女

2. 您的民族是（　　　　）

　　A. 汉族　　B. 壮族　　C. 瑶族　　D. 苗族　　E. 侗族　　F. 其他民族

3. 您来自的区域是（　　　　）

　　A. 民族地区，即我国的民族自治地方（五大自治区、各自治州、各自治县），以及贵州、云南、四川、重庆、青海、甘肃、辽宁、吉林等地少数民族聚居的地区

B. 非民族地区，指除民族地区以外的地区

4. 您的政治面貌是（　　　　）

    A. 中共党员（含预备党员）　　　　B. 共青团员　　C. 民主党派

D. 群众

5. 您来自（　　　　）

    A. 大城市　　B. 中、小城市　　　C. 县城　　　　D. 乡镇　　　E. 农村

6. 您的家庭类型是（　　　　）

    A. 农民家庭　　　B. 工人家庭　　　　C. 商人家庭　　　　D. 公务员家庭

    E. 知识分子家庭　　　　　　　　F. 其他

7. 您的家庭经济状况是（　　　　）

    A. 困难　　　　　　B. 一般　　　　　　　C. 较好

8. 您父亲最高学历是（　　　　）

    A. 小学及以下　　B. 初中　　　C. 高中、中专、中师　　　D. 大专

    E. 本科　　　　　F. 研究生

9. 您母亲最高学历是（　　　　）

    A. 小学及以下　　B. 初中　　　　C. 高中、中专、中师　　　D. 大专

    E. 本科　　　　　F. 研究生

10. 您的家庭结构是（　　　　）

    A. 三世同堂　　B. 核心家庭（父母与子女）　　C. 单亲家庭　　D. 其他

11. 您的学历层次是（　　　　）

    A. 专科　　　　B. 本科　　　　C. 硕士研究生　　　　D. 博士研究生

12. 若您是本科，您的年级是（　　　　）

    A. 大一　　B. 大二　　C. 大三　　D. 大四　　　E. 大五

13. 您的学科类型是（　　　　）

第二部分

指导语：请根据自身的真实情况与题目的符合程度作答，在相应的等级上画"〇"。

项目	5 完全符合	4 比较符合	3 不确定	2 不太符合	1 完全不符合
1. 我日常生活中经常接触到壮族优秀传统文化	5	4	3	2	1
2. 我知道壮族语言文字是中华优秀传统文化的重要组成部分	5	4	3	2	1
3. 我知道壮族优秀传统文化蕴含着勤劳善良、开拓创新的道德品质	5	4	3	2	1
4. 我知道壮族优秀传统文化蕴含着热爱国家民族、维护祖国统一的爱国主义思想	5	4	3	2	1
5. 我知道壮族优秀传统文化蕴含着知礼尚义、济困扶危的社会公德观	5	4	3	2	1
6. 我知道壮族优秀传统文化蕴含着尊老爱幼、邻里和睦的家庭道德观	5	4	3	2	1

项目	5 完全符合	4 比较符合	3 不确定	2 不太符合	1 完全不符合
7. 我知道壮族优秀传统文化蕴含着崇尚自然、保护环境的生态伦理观	5	4	3	2	1
8. 我觉得在感受壮族优秀传统文化时我对伟大祖国的认同感更加深刻	5	4	3	2	1
9. 我觉得在感受壮族优秀传统文化时我对中华民族的认同感更加深刻	5	4	3	2	1
10. 我觉得在感受壮族优秀传统文化时我对中华文化的认同感更加深刻	5	4	3	2	1
11. 我觉得在感受壮族优秀传统文化时我对中国共产党的认同感更加深刻	5	4	3	2	1
12. 我觉得在感受壮族优秀传统文化时我对中国特色社会主义的认同感更加深刻	5	4	3	2	1
13. 我在日常生活中会主动了解"铸牢中华民族共同体意识培育"相关内容	5	4	3	2	1

项目	5 完全符合	4 比较符合	3 不确定	2 不太符合	1 完全不符合
14. 我认为大学生了解"铸牢中华民族共同体意识培育"相关内容非常有必要	5	4	3	2	1
15. 我了解中国共产党在民族团结工作中的具体贡献	5	4	3	2	1
16. 我了解马克思主义民族理论和党的民族政策	5	4	3	2	1
17. 我了解当前我国和世界的民族状况	5	4	3	2	1
18. 我对学校开展壮族优秀传统文化传承的效果很满意	5	4	3	2	1
19. 我对家庭开展壮族优秀传统文化传承的效果很满意	5	4	3	2	1
20. 我对村落或社区开展壮族优秀传统文化传承的效果很满意	5	4	3	2	1
21. 我对社会开展壮族优秀传统文化传承的效果很满意	5	4	3	2	1
22. 我认为学校开展壮族文化体验活动对我学习壮族优秀传统文化知识非常有帮助	5	4	3	2	1

项目	5 完全符合	4 比较符合	3 不确定	2 不太符合	1 完全不符合
23. 我认为学校开展壮族文化体验活动对我铸牢中华民族共同体意识培育非常有帮助	5	4	3	2	1
24. 我可以在家庭中学习壮族优秀传统文化知识	5	4	3	2	1
25. 我可以在家庭教育中铸牢中华民族共同体意识培育	5	4	3	2	1
26. 我可以在社会中学习壮族优秀传统文化知识	5	4	3	2	1
27. 我可以在社会教育中铸牢中华民族共同体意识培育	5	4	3	2	1
28. 学校中壮族优秀传统文化内容的设计与现实生活联系紧密	5	4	3	2	1
29. 我认为学校既需要传授现代文化，又需要传递民族文化	5	4	3	2	1
30. 我所在的学校开设了传承民族文化的课程或专业	5	4	3	2	1
31. 我所在的学校有传承民族文化的场馆设施	5	4	3	2	1

项目	5 完全符合	4 比较符合	3 不确定	2 不太符合	1 完全不符合
32. 我的父母、长辈经常向我讲授壮族优秀传统文化知识	5	4	3	2	1
33. 我所在的村落或社区经常举办民族传统文化活动	5	4	3	2	1
34. 我能感受到政府和社会对壮族文化遗产保护和传承的重视	5	4	3	2	1
35. 我能感受到文化机构不断推出滋养壮族优秀传统文化的文艺作品的作用	5	4	3	2	1
36. 我经常见到书籍、报刊、电视、互联网站等各类媒体大力宣传壮族优秀传统文化	5	4	3	2	1

第三部分

指导语：请根据自身的实际情况，在每题相应的选项上画"○"。

1. 您所了解的壮族优秀传统文化知识主要来源自？（最多选 3 项）

    A. 学校   B. 家庭   C. 社会   D. 网络等媒体

    E. 广播、电视、报刊   F. 自学   G. 亲身实践   H. 其他

2. 在学校教育中，你觉得你从哪些途径了解到了壮族优秀传统文化知识？（最多选 3 项）

    A. 专业课程

    B. 民族课程或专业

    C. 民族团结教育月

    D. 民族传统体育运动项目

    E. 校园文化活动，如民族文化大课间、主题社团活动

    F. 社会实践调研，如到民族博物馆、民族村落等参观考察

    G. 网络平台学习，如学校、文化机构的官网、官微等官方媒体

    H. 民族文化旅游，如亲身体验壮族三月三等节庆活动

    I. 学校与公共文化机构、民族文化企业等合作搭建的学习平台

3. 除了学校教育，你觉得哪些方面对你成长影响最大？（最多选 3 项）

    A. 传统习俗，如婚丧礼仪、成年礼仪式等

    B. 父母等长辈的教导

    C. 村落或社区成长环境的耳濡目染

    D. 民间信仰，如祭祀、祈祷等活动

    E. 网络及广播电视等媒体

    F. 政府的宣传及民族旅游业的影响

G.民族博物馆等公共文化场所

H.其他

4.您比较了解壮族优秀传统文化的哪些方面？（最多选3项）

　　A.民族艺术传承　　　　　　　B.传统礼仪风俗

　　C.民间信仰　　　　　　　　　D.民族传统体育，如抛绣球

　　E.原始崇拜禁忌　　　　　　　F.壮族三月三等节日庆典

　　G.布洛陀神话等民间文学　　　H.民族传统美德

　　I.乡规民约等制度文化　　　　J.其他

5.您对壮族优秀传统文化最感兴趣的内容是哪些？（最多选3项）

　　A.传统节日　　　B.服饰穿着　　　C.艺术体育　　　D.饮食文化

　　E.生活习俗　　　F.信仰崇尚　　　G.壮族医药　　　H.生态环境

　　I.语言文字　　　J.民间文学　　　K.其他

6.您如何看待壮族优秀传统文化？（最多选3项）

　　A.是中华优秀传统文化的重要组成部分

　　B.丰富多彩，体现了我国文化的多样性

　　C.是维系壮族生存和发展的血脉和精神家园

　　D.能在现实生活中找到文化根脉

　　E.精华和糟粕并存

　　F.是地域文化，不需要了解

　　G.和现实严重脱节

　　H.必须进行现代转型

　　I.应该发扬其优秀部分

　　J.是愚昧的、无知的、落后的

　　K.与宗教、神灵联系紧密

　　L.比较复杂

7.您如何看待民族文化进校园活动的作用？（单选题）

　　A.会起重要作用

B. 有一定的促进作用

C. 没听说过这种活动

D. 活动流于形式，效果不大

8. 关于壮族优秀传统文化，您最想从中学到什么？（单选题）

A. 民族传统技艺

B. 民族优秀的传统道德、精神，为人处世之道

C. 能够提升自身技能和专业知识的内容

D. 民族的礼仪风俗

E. 其他_____

9. 您最喜欢的壮族优秀传统文化学习方式有哪些？（最多选3项）

A. 融入专业课程中

B. 开设专门的民族课程或专业

C. 民族团结教育月

D. 民族传统体育运动项目

E. 校园文化活动，如民族文化大课间、主题社团活动

F. 社会实践调研，如到民族博物馆、民族村落等参观考察

G. 网络平台学习，如学校、文化机构的官网、官微等官方媒体

H. 民族文化旅游，如亲身体验壮族三月三等节庆活动

I. 学校与公共文化机构、民族文化企业等加强合作，搭建学习平台

10. 你觉得学校在开展民族团结进步教育工作的过程中，将壮族优秀传统文化融入大学生铸牢中华民族共同体意识培育存在不足的主要原因是？（最多选3项）

A. 社会上没有形成弘扬壮族优秀传统文化的氛围

B. 壮族优秀传统文化本身不太符合当前学生的思维、生活方式

C. 民族旅游项目造成了优秀传统文化价值传承的失真，出现商品化、庸俗化等现象

D. 父母等长辈民族知识的有限性

E. 学生自身不积极，认为不重要、影响学习

F. 村落、社区等举办的民族文化活动文化底蕴不够深厚

G. 课堂理论教学枯燥，教育教学方式陈旧

H. 校园文化活动、社会实践活动流于形式

I. 学校相应的教材、课程体系不健全，教育内容不丰富

J. 教师民族优秀传统文化知识和素养积累不够

11. 您认为将壮族优秀传统文化融入大学生铸牢中华民族共同体意识培育存在的主要问题有哪些？

12. 关于将壮族优秀传统文化融入大学生铸牢中华民族共同体意识培育，您有哪些意见或好的建议？

问卷到此结束，感谢您的耐心作答！

附录 2

壮族优秀传统文化
融入大学生铸牢中华民族共同体意识培育

访谈提纲

受访人姓名：　　性别：　　年龄：　　职业：　　职务：

工作单位：　　联系方式：

访谈时间：　　访谈地点：

卷首语：您好！非常感谢您参加这次访谈。首先向您承诺，您的观点和回答仅用于研究资料使用，并严格保密，请您实事求是、放心作答。

1. 您知道的壮族优秀传统文化资源有哪些？这些资源对于大学生铸牢中华民族共同体意识培育具有什么价值？

2. 您觉得壮族地区的学校在大学生铸牢中华民族共同体意识培育的过程中是否有必要融入壮族优秀传统文化？为什么？

3. 您认为在壮族优秀传统文化融入大学生铸牢中华民族共同体意识培育的过程中，国家、社会、学校、家庭、个人等各方面应该发挥什么作用？采取什么措施？

4. 您觉得将壮族优秀传统文化融入大学生铸牢中华民族共同体意识培育的状况如何？成效如何？

5. 您认为将壮族优秀传统文化融入大学生铸牢中华民族共同体意识培育的主要做法有哪些？有哪些好的经验？

6. 您认为将壮族优秀传统文化融入大学生铸牢中华民族共同体意识培育存在哪些困难？主要原因是什么？

7. 您认为将壮族优秀传统文化融入大学生铸牢中华民族共同体意识培育存在的主要问题有哪些？应该如何改进？

8. 您对壮族优秀传统文化融入大学生铸牢中华民族共同体意识培育，还有什么意见或好的建议？